# Guide de voyage à New York 2023

Le manuel de voyage ultime à New York :

City of Dreams : dévoiler les joyaux cachés de New York

**Arber Fecteau**

# Guide de voyage à New York 2023

Le manuel de voyage ultime à New York :

City of Dreams : dévoiler les joyaux cachés de New York

Par

Arber Fecteau

Tous droits réservés. Aucune partie de cette publication ne peut être reproduite, distribuée ou transmise sous quelque forme ou par quelque moyen que ce soit, y compris la photocopie, l'enregistrement ou d'autres méthodes électroniques ou mécaniques, sans l'autorisation écrite préalable de l'éditeur, sauf dans le cas de brèves citations incorporées. dans des critiques critiques et dans certaines autres utilisations non commerciales autorisées par la loi sur le droit d'auteur.

Droits d'auteur © Arber Fecteau, 2023.

# Table des matières

Chapitre 1:..................................................................8
Introduction à la ville de New York............................ 8
Contexte historique et pertinence culturelle............12
Pourquoi devriez-vous visiter New York en 2023 ?.16
Chapitre 2:................................................................21
Se préparer pour votre voyage................................21
Conseils sur la planification de voyage................... 25
Nécessités d'emballage pour différentes saisons.. 30
Chapitre 3:................................................................35
Options d'hébergement........................................... 35
Un aperçu du quartier.............................................. 39
Suggestions d'hôtels pour différents budgets........ 45
Chapitre 4:................................................................51
Monuments et attractions........................................51
Des attractions incontournables comme Times Square, la Statue de la Liberté, l'Empire State Building, etc.............................................................. 56
Secrets d'initiés pour éviter les foules et obtenir les plus belles vues....................................................... 63
Chapitre 5:................................................................70
Expériences culturelles............................................70
Productions Broadway et Off-Broadway.................73
Musées, galeries d'art et événements culturels...... 77
Chapitre 6:................................................................83
Aventures culinaires................................................ 83
La scène culinaire diversifiée de New York............. 87

4

Les meilleurs food trucks, marchés et restaurants traditionnels .................................................................. 91
**Chapitre 7:** ............................................................... 96
**Shopping et mode** ................................................... 96
Boutiques à la mode et magasins phares .............. 101
Boutiques vintage et créateurs indépendants ....... 106
**Chapitre 8 :** ............................................................ 112
**Explorer Central Park** ............................................ 112
Activités, événements et trésors cachés du parc. 116
**Chapitre 9 :** ............................................................ 121
**Vie nocturne et divertissement** ............................. 121
Clubs, bars et salles de concert ............................. 126
Emplacements d'observation des paysages urbains la nuit .......................................................................... 131
**Chapitre 10 :** .......................................................... 137
**Activités familiales** ................................................. 137
Attractions et parcs pour enfants ........................... 142
Événements et expositions destinés aux familles 148
**Chapitre 11 :** .......................................................... 154
**Aventures en plein air** ........................................... 154
Parcs dans les villes, randonnées pédestres et pistes cyclables ......................................................... 160
Animations au bord de l'eau et croisières en bateau.. 166
**Chapitre 12 :** .......................................................... 173
**Délices de saison** ................................................... 173
Activités, festivals et événements adaptés aux saisons ........................................................................ 179
Vacances et événements spéciaux à New York .... 184

Chapitre 13 : ................................................................. 192
Étiquette locale et conseils........................................192
Exploration respectueuse de la ville : que faire et ne pas faire.................................................................... 198
Contacts d'urgence et recommandations de sécurité 203
Chapitre 14 : ................................................................. 209
Excursions et excursions d'une journée................209
Les attractions à proximité incluent les Hamptons, la vallée de l'Hudson et d'autres................................. 214
Comment planifier des excursions d'une journée efficaces.................................................................... 220
Chapitre 15 : ................................................................. 226
Ressources et conseils pratiques...........................226
Cartes, guides de voyage et applications pratiques... 232
Coordonnées des ambassades, des hôpitaux et d'autres organisations............................................... 238

# Chapitre 1:

# Introduction à la ville de New York

La ville de New York, parfois simplement connue sous le nom de New York, est une métropole mondiale et l'une des villes les plus renommées et les plus importantes au monde. Ce pôle métropolitain dynamique et varié, niché le long de la côte est des États-Unis, présente une histoire riche, une tapisserie culturelle tissée d'innombrables fils et une attraction magnétique qui captive aussi bien les habitants que les touristes. Avec ses immeubles imposants, ses rues animées et son énergie tangible et contagieuse, la ville de New York offre une expérience unique, ce qui lui a valu le titre de « Capitale du monde ».

**Histoire et Géographie :**

La ville de New York est divisée en cinq arrondissements, chacun couvrant environ 468 miles carrés : Manhattan, Brooklyn, Queens, le Bronx et Staten Island. Chaque arrondissement a sa personnalité et son charme particuliers, qui ajoutent à la diversité de la ville. La position stratégique de New York, à l'embouchure du fleuve Hudson, en a fait un important centre de commerce et d'affaires, attirant des résidents et des immigrants du monde entier.

Les tribus amérindiennes, la colonisation hollandaise, l'autorité britannique et les vagues d'immigration ont laissé des empreintes durables sur le terrain de la ville. Elle est devenue le point d'entrée de millions d'immigrants en quête d'une nouvelle vie en Amérique au début du XXe siècle, créant ainsi une mosaïque culturelle qui caractérise la ville encore aujourd'hui.

**Mélange culturel :**
La ville de New York est reconnue comme un creuset culturel, où des individus du monde entier se réunissent pour former une communauté vivante et variée. Plus de 800

langues sont parlées à l'intérieur de ses frontières, ce qui en fait l'une des villes linguistiques les plus variées au monde. Ce mélange complexe de cultures se retrouve dans tous les quartiers de la ville, chacun avec ses goûts, coutumes et expériences distincts.

**Divertissement et arts :**
L'impact de la ville sur les arts et le divertissement est sans égal. Broadway, situé au cœur de Manhattan, est considéré comme la pièce maîtresse du théâtre mondial, accueillant une profusion de spectacles de classe mondiale allant des classiques intemporels aux artistes contemporains d'avant-garde. Le Metropolitan Museum of Art, le Museum of Modern Art (MoMA) et le Guggenheim possèdent tous des collections impressionnantes qui couvrent des décennies et des genres.

**Monuments de notoriété:**
Certains des monuments les plus emblématiques du monde peuvent être vus le long de l'horizon de la ville de New York. La Statue de la Liberté, symbole de liberté et de

démocratie, constitue une lumière bienvenue pour les nouveaux arrivants en Amérique. L'Empire State Building, autrefois la structure la plus haute du monde, offre une vue imprenable sur la métropole. Times Square vibre d'un kaléidoscope de lumières, de divertissements et d'excitation, en particulier le soir du Nouvel An.

**Superpuissance économique :**
La ville de New York est une puissance économique qui stimule le secteur bancaire, le commerce et l'innovation à l'échelle mondiale, en plus de son importance culturelle et esthétique. Wall Street, située dans le quartier financier de Manhattan, est associée à la haute finance et constitue le cœur de l'activité économique mondiale. L'économie variée de la ville comprend les secteurs bancaire, technologique, médiatique, de la mode, de la santé et d'autres secteurs, et contribue considérablement au PIB américain.

**Défis et adaptabilité :**
Si la ville de New York est réputée pour ses réalisations, la ville a également connu

d'énormes problèmes tout au long de son histoire. La ville a fait preuve d'une ténacité étonnante face à la tragédie, depuis la Grande Dépression jusqu'aux conséquences des attentats du 11 septembre 2001. L'épidémie de COVID-19 a mis une nouvelle fois la ville à l'épreuve, démontrant sa capacité à s'adapter, à aider ses habitants et à en sortir plus forte.

## Contexte historique et pertinence culturelle

New York, une ville animée et dynamique qui a laissé une impression indéniable sur la scène mondiale, avec un passé aussi varié que ses habitants. L'histoire de la ville est un hommage à la persévérance, à l'inventivité et à la coopération humaines, depuis ses premiers occupants amérindiens jusqu'aux vagues d'immigrants qui ont façonné sa tapisserie culturelle.

**Histoire ancienne et période coloniale :**

Avant l'arrivée des migrants européens, de nombreuses tribus amérindiennes, notamment les Lenape, vivaient dans la région aujourd'hui connue sous le nom de New York. Les Néerlandais fondèrent New Amsterdam en tant que centre commercial sur la pointe sud de l'île de Manhattan en 1624. La ville changea plusieurs fois de mains entre les Néerlandais et les Britanniques jusqu'à devenir une colonie britannique en 1664, date à laquelle elle fut baptisée à New York en l'honneur du Le Duke de York.

**Le parcours des immigrants :**
L'un des chapitres les plus importants de l'histoire de la ville de New York est son statut de plaque tournante de l'immigration. Des millions de personnes du monde entier sont passées par Ellis Island, le centre de traitement de l'immigration dans le port de New York, de la fin des années 1800 au début des années 1900. Avec l'infusion de nombreuses ethnies, la ville est devenue un creuset de langues, de coutumes et de cuisines. Chinatown, Little Italy et Harlem se sont transformés en communautés prospères qui ont honoré leur

patrimoine tout en ajoutant à la riche tapisserie culturelle de la ville.

**Renaissance dans la culture et l'art :**
La ville de New York a connu une renaissance culturelle et créative tout au long du XXe siècle. La Renaissance de Harlem dans les années 1920 a vu un épanouissement de la littérature, de la musique et de l'art afro-américains, avec des artistes tels que Langston Hughes et Duke Ellington laissant une marque indélébile sur la société américaine. Pendant ce temps, dans les années 1950 et 1960, l'expressionnisme abstrait a pris de l'importance dans le monde de l'art, avec des peintres comme Jackson Pollock et Willem de Kooning acclamés dans le monde entier.

**Construction et urbanisation de gratte-ciel :**
Avec l'introduction des gratte-ciel, l'horizon de la ville de New York a connu un changement significatif. La construction de gratte-ciel renommés tels que l'Empire State Building et le Chrysler Building a démontré l'ambition et la compétence technique de la ville. Ces structures colossales ont non seulement

modifié le paysage physique de la ville, mais ont également marqué son influence économique et culturelle mondiale.

**11 septembre et survie :**
Les attentats terroristes du 11 septembre 2001 ont marqué un triste tournant dans l'histoire de la ville de New York. L'effondrement des tours jumelles du Trade Center a secoué la ville et le monde entier. Face aux difficultés, les New-Yorkais ont fait preuve d'une ténacité, d'une solidarité et d'une compassion incroyables. Le Mémorial et musée national du 11 septembre, construit sur le site de l'ancien World Trade Center, est un monument émouvant à la mémoire de ceux qui sont morts et de la résilience de l'esprit humain.

**Monuments et institutions culturelles :**
La ville de New York abrite une pléthore d'organisations et de bâtiments culturels qui ont laissé un effet indélébile sur la culture mondiale. Le Museum of Modern Art (MoMA) possède une vaste collection d'art moderne et contemporain, tandis que le Metropolitan Museum of Art comprend des artefacts de

nombreuses périodes et civilisations. Broadway, célèbre pour ses représentations théâtrales, a créé d'innombrables pièces de théâtre et comédies musicales qui continuent de fasciner le public du monde entier.

**Impact économique et mondial :**
La ville de New York est toujours une puissance financière. Wall Street, située dans le quartier financier de Manhattan, est associée à la finance mondiale et joue un rôle important en influençant l'économie mondiale. Le siège des Nations Unies, situé le long de l'East River, constitue un centre de diplomatie internationale, ajoutant ainsi à l'importance mondiale de la ville.

# Pourquoi devriez-vous visiter New York en 2023 ?

La ville de New York accueille les visiteurs du monde entier avec une vitalité renouvelée et de nombreuses raisons impérieuses d'explorer ses rues animées et ses bâtiments renommés. Un voyage dans la ville qui ne dort jamais est plus qu'un simple voyage ; c'est une expérience immersive qui offre culture, innovation et un aperçu de l'extraordinaire ténacité d'une métropole qui a affronté et vaincu d'innombrables difficultés. Des événements culturels aux développements technologiques, voici quelques raisons pour lesquelles la ville de New York devrait figurer en tête de votre itinéraire de voyage cette année.

**1. Renaissance culturelle :**

La ville de New York est bien connue pour sa scène artistique et culturelle florissante, et 2023 ne semble pas être différente. Les visiteurs peuvent s'immerger dans la grandeur créative avec une variété de musées, de galeries et de salles de spectacle de classe mondiale. Les événements culturels annuels de la ville, tels que le Tribeca Film Festival, présentent un large éventail d'expressions artistiques, des films indépendants aux installations de pointe. Broadway continue de prendre vie avec des productions captivantes qui ravissent et inspirent les publics de tous âges.

**2. Festivals et événements spéciaux :**
New York propose une multitude de festivals et d'événements tout au long de l'année qui célèbrent tout, de la musique et de la cuisine à l'histoire et à la tradition. Le Salon international de l'auto de New York présente les technologies automobiles les plus récentes, tandis que le New York City Wine & Food Festival rassemble des célébrités culinaires pour un spectacle gourmand. Il y a toujours quelque chose d'intéressant auquel participer avec des défilés, des festivals de rue et des festivités culturelles qui ont lieu toute l'année.

**3. Progrès technologique :**
La ville de New York est à l'avant-garde de l'innovation technologique dans un monde en constante évolution. L'économie technologique de la ville est florissante, avec de nombreuses startups et des titans industriels bien établis qui repoussent les limites du possible. Que vous soyez intéressé par l'intelligence artificielle, les technologies renouvelables ou les expositions d'art numérique, la ville de New York offre un aperçu de l'avenir de l'innovation.

**4. Résilience et mémoire :**

Visiter New York en 2023 vous permet d'observer la résilience durable de la ville et son engagement à respecter son histoire. Le Mémorial et musée du 11 septembre est un hommage triste mais puissant aux vies perdues le 11 septembre 2001. Les expositions du musée commémorent non seulement la tragédie, mais célèbrent également le courage de l'esprit humain et la solidarité qui a fleuri à la suite de celle-ci.

**5. Excursions culinaires :**

La ville de New York est une destination gastronomique pour les gourmets, offrant un large assortiment de spécialités du monde entier. La culture gastronomique de la ville reflète son tissu ethnique, avec des restaurants étoilés Michelin et des food trucks vendant de merveilleuses spécialités de rue. L'exploration de quartiers tels que Chelsea Market, Little Italy et Chinatown vous permet de goûter à une variété de cuisines en seulement quelques pâtés de maisons.

**6. Repères de notoriété :**

Aucun voyage à New York ne serait complet sans visiter les monuments les plus célèbres de la ville. Admirez la vue imprenable depuis la terrasse d'observation de l'Empire State Building, promenez-vous sur le pont historique de Brooklyn ou admirez les lumières brillantes de Times Square. Ces monuments représentent le caractère de la ville et offrent la possibilité de créer de grandes expériences.

**7. Espaces verts et activités de plein air :**
Des oasis de calme attendent d'être trouvées au milieu de l'agitation de la ville. Avec ses promenades sinueuses, ses étangs pittoresques et ses activités culturelles, Central Park constitue un refuge agréable. La Haute Route, ancienne voie ferrée surélevée transformée en parc, offre une vue unique sur la ville tout en présentant des œuvres d'art et des plantes.

**8. Variation culturelle :**
La diversité culturelle est l'une des qualités les plus précieuses de la ville de New York. Avec des quartiers représentant toutes les régions du monde, vous pouvez parcourir le monde sans

quitter la ville. Découvrez la vitalité de Chinatown, la riche histoire de Harlem ou l'atmosphère bohème de Greenwich Village.

**9. Une vie nocturne inoubliable :**

La vie nocturne de New York s'anime au coucher du soleil. La culture nocturne de la ville s'adresse à tous les goûts, des pubs sur les toits offrant des vues panoramiques aux bars clandestins souterrains dégageant un charme d'antan. La nuit est aussi animée que le jour, grâce aux salles de concert, aux clubs de danse et aux événements théâtraux.

**10. Établir des liens :**

Outre les sites touristiques et les expériences, visiter New York en 2023 vous permet de rencontrer des personnes de tous horizons. L'interaction avec les habitants, d'autres touristes et des experts de divers secteurs peut entraîner des relations significatives, un développement personnel et une connaissance plus large du monde.

# Chapitre 2:

# Se préparer pour votre voyage

New York, la ville animée qui ne dort jamais, a conquis le cœur des visiteurs du monde entier. Préparer des vacances à New York peut être à la fois passionnant et intimidant, avec sa célèbre ligne d'horizon, ses divers quartiers, ses musées de classe mondiale et ses nombreux choix de divertissement. Une planification et une préparation minutieuses sont nécessaires pour profiter au maximum de vos vacances. Voici un guide détaillé pour préparer votre incroyable voyage à New York.

**1. ** Penser à l'avance:
Établissez un programme complet avant de partir pour votre excursion à New York. Explorez les sites touristiques les plus importants de la ville, tels que la Statue de la Liberté, Times Square, Central Park et les

théâtres de Broadway. Tenez compte de vos passe-temps, qu'ils soient dans l'art, l'histoire, la gastronomie ou le shopping, et prenez les dispositions nécessaires en conséquence.

**2. ** Abordabilité :

Il est important de choisir le logement approprié. Des hôtels haut de gamme aux auberges économiques, New York a tout pour plaire. Réservez votre hébergement tôt à l'avance car la popularité de la ville garantit que les hôtels se remplissent rapidement, en particulier pendant les hautes saisons touristiques.

**3. **Modes de transport :

New York dispose d'un système de transport en commun complet comprenant des métros et des bus qui peuvent vous emmener pratiquement partout dans la ville. Achetez une MetroCard pour un transport facile et abordable. Les taxis et les services de covoiturage sont également facilement accessibles.

**4. ** Emballage et météo :

Vérifiez les prévisions météorologiques pour les dates de votre voyage et faites vos valises en conséquence. Parce que New York a les quatre saisons, vos vêtements doivent refléter la météo. Des chaussures de marche sont nécessaires car découvrir la ville à pied est l'un des meilleurs moyens de ressentir son dynamisme.

**5.** **Culinaire** :

New York est un creuset culturel, et sa scène culinaire le reflète. Des cuisines internationales, de la cuisine de rue et des expériences culinaires haut de gamme sont disponibles. N'oubliez pas de déguster une part de pizza typiquement new-yorkaise ou un bagel au fromage à la crème !

**6.** **Des loisirs:**

Achetez des billets pour les spectacles incontournables de Broadway ou d'autres formes de divertissement longtemps à l'avance. Parce que la ville de New York est reconnue pour sa culture théâtrale, voir une pièce en direct est un incontournable.

**7. ** Musées et attractions touristiques :
Du Metropolitan Museum of Art au Museum of Modern Art (MoMA), la ville de New York abrite une impressionnante collection d'institutions de classe mondiale. Certains jours, plusieurs proposent une entrée bon marché ou gratuite, alors planifiez vos déplacements en conséquence.

**8. ** Exploration du quartier :
Chaque quartier de New York a son caractère distinct. Explorez divers quartiers pour avoir une idée complète de la diversité de la ville, qu'il s'agisse de l'ambiance artistique de SoHo, de la beauté historique de Greenwich Village ou des rues animées de Chinatown.

**9. ** Budgétisation et sécurité :
Même si les visiteurs sont généralement en sécurité à New York, il est essentiel de rester attentif et conscient de votre environnement. Établissez un budget pour vos vacances, y compris les dépenses d'hébergement, de nourriture, de transport et de divertissement.

**dix. **Communication et langage :

La langue principale parlée à New York est l'anglais, mais en raison du contexte cosmopolite de la ville, vous rencontrerez très certainement d'autres langues. Il peut être avantageux de disposer d'un logiciel de traduction ou d'une connaissance rudimentaire des termes populaires.

**11. ** Photographie et souvenirs :
De belles images des sites touristiques de la ville vous aideront à vous souvenir de votre visite. Du pont de Brooklyn à l'Empire State Building, la ville de New York regorge de superbes possibilités de photos.

**12. ** Suivez les coutumes locales :
Si la ville de New York est reconnue pour son ouverture, il est crucial de respecter les traditions et le décorum locaux. L'espace personnel, les normes de pourboire et la sensibilité culturelle doivent tous être pris en compte.

# Conseils sur la planification de voyage

Beaucoup de gens rêvent de visiter New York, le sommet de la grandeur métropolitaine et de la variété culturelle. Ses bâtiments, ses rues animées et ses quartiers diversifiés offrent une mosaïque complexe d'expériences. Cependant, organiser des vacances à New York peut être à la fois excitant et intimidant. Voici un répertoire complet de recommandations de préparation de voyage à New York pour vous aider à tirer le meilleur parti de vos vacances et à naviguer facilement dans la ville.

**1. Commencez tôt :**

Lorsqu'il s'agit d'organiser des vacances à New York, une planification précoce est essentielle. Réserver à l'avance pour tout, de l'hébergement aux billets d'attraction, garantit non seulement la disponibilité, mais vous donne également la possibilité d'obtenir un meilleur rapport qualité-prix.

**2. Faites un budget :**

New York peut être aussi bon marché ou aussi cher que vous le souhaitez. Établissez un budget pour l'hébergement, le transport, la nourriture, les sites touristiques et le shopping. Pensez à utiliser des applications de voyage pour suivre vos coûts lorsque vous êtes en déplacement.

**3. Sélectionnez le meilleur moment pour visiter :**

New York est une destination toute l'année, chaque saison apportant son attrait distinctif. L'été est rempli d'activités de plein air, tandis que le printemps et l'automne offrent un temps magnifique et un feuillage spectaculaire. L'hiver fait ressortir les lumières des fêtes et les attractions intérieures. Lorsque vous choisissez le moment optimal pour votre visite, gardez à l'esprit vos goûts et vos intérêts.

**4. Options d'hébergement :**

Des hôtels de luxe, des hébergements de charme, des auberges économiques et des locations de vacances sont tous disponibles à New York. Choisissez une destination qui correspond à votre emploi du temps et étudiez les possibilités économiques.

### 5. Faites un itinéraire :

Élaborez un agenda bien planifié pour maximiser votre temps en ville. Explorez les plus grandes attractions de New York, telles que Times Square, Central Park, la Statue de la Liberté et des musées de classe mondiale. Tenez compte du temps de trajet, des heures d'ouverture et des événements ou expositions auxquels vous souhaitez assister.

### 6. Comment se déplacer :

L'énorme infrastructure de transport en commun de la ville de New York facilite les déplacements. Le métro et les bus relient toutes les principales régions de la ville. Achetez une MetroCard pour un transport facile et abordable. La marche est également un excellent moyen de découvrir les quartiers et de s'imprégner du pouls de la ville.

### 7. Billets et attractions :

Les longues files d'attente sont courantes sur des sites populaires tels que l'Empire State

Building, le One World Observatory et les spectacles de Broadway. Pensez à acheter vos billets en ligne à l'avance pour gagner du temps. Certaines attractions proposent des entrées coupe-file ou chronométrées.

**8. Possibilités de restauration :**
La scène culinaire de New York est une surcharge sensorielle. Il y en a pour tous les goûts, des food trucks aux restaurants étoilés Michelin. Acceptez les goûts locaux, expérimentez différentes cuisines et n'oubliez pas de déguster une pizza traditionnelle de style new-yorkais.

**9. Étiquette dans un cadre culturel :**
Bien que les New-Yorkais soient réputés pour leur rythme rapide, la courtoisie et le respect sont toujours les bienvenus. Utilisez des politesses de base, telles que « s'il vous plaît » et « merci », et soyez conscient de l'espace personnel dans les endroits très fréquentés.

**10. Activités gratuites ou à faible coût :**
New York propose une multitude d'activités gratuites et à faible coût. Visitez la High Line, le

mémorial du 11 septembre, des concerts et événements gratuits dans des lieux publics, ainsi que des musées avec des contributions recommandées ou des journées d'entrée gratuites.

**11. Enquêter sur les quartiers :**
Explorez les quartiers de New York pour vous faire une idée de la personnalité de la ville. Chaque quartier a son caractère distinct, de l'ambiance créative de Chelsea à la beauté historique de Brooklyn Heights. N'ayez pas peur de voyager au-delà des pièges à touristes habituels.

**12. Précautions de sécurité :**
Même si voyager à New York est généralement sécurisé, il est essentiel de rester attentif à votre environnement. Gardez vos affaires en sécurité, surtout si vous êtes dans un environnement très fréquenté ou si vous utilisez les transports en commun. La nuit, faites confiance à votre instinct et évitez les zones mal éclairées ou isolées.

**13. Acceptez l'imprévisibilité :**

La ville de New York est reconnue pour son énergie vibrante et ses aventures surprenantes. Soyez prêt à accepter la spontanéité de la ville. Permettez-vous de flâner, de découvrir des trésors cachés et de dialoguer avec les habitants pour une expérience authentique.

## Nécessités d'emballage pour différentes saisons

La métropole new-yorkaise, métropole en perpétuel changement et en expériences diverses, est une destination toute l'année. Des hivers glacials aux étés chauds, chaque saison a sa beauté distincte. Cependant, se préparer à une météo en constante évolution pourrait être difficile. Voici un guide détaillé sur les bases de l'emballage pour les différentes saisons dans la Big Apple afin de vous assurer que vous êtes bien préparé pour votre voyage à New York.

**Printemps (de mars à mai) :**
Le printemps à New York est une saison de régénération, avec des fleurs épanouies et un

temps agréable. Le temps, en revanche, peut être variable, allant du froid au chaud. Voici ce que vous devez apporter :

- Apportez une variété de pulls légers, de chemises à manches longues et de cardigans. À mesure que la température change, ces couches peuvent être ajoutées ou retirées.

- Les pluies printanières sont typiques, alors apportez un petit parapluie et une veste imperméable.

- **Chaussures confortables :** Comme vous voyagerez probablement à pied, choisissez des chaussures de marche confortables. Pensez à porter des chaussures imperméables les jours de pluie.

- Emportez des jeans, des pantalons légers et des leggings pour une variété d'alternatives de bas.

- **Foulard:** Une écharpe légère peut être utilisée pour ajouter de la chaleur et du style à vos vêtements.

- Une veste ou un manteau adaptable et léger est indispensable pour les nuits froides.

**Été (juin à août) :**
Les étés à New York sont chauds et humides, il est donc essentiel de rester au frais et à l'aise. Voici ce que vous devez apporter :

- Emportez des vêtements légers et respirants tels que des shorts, des robes, des jupes et des chemises à manches courtes.

- Apportez un chapeau à larges bords, des lunettes de soleil et de la crème solaire pour vous protéger du soleil.

- Emportez un maillot de bain et une couverture si vous souhaitez visiter les piscines extérieures ou les plages de la ville.

- **Sandales et chaussures confortables :** Pour les longs trajets, utilisez des sandales ou des chaussures confortables.

- Les essentiels de l'été comprennent une bouteille d'eau réutilisable, un sac compact et un ventilateur pour vous garder au frais pendant les journées chaudes.

**Automne (septembre à novembre) :**
L'automne à New York offre de l'air frais, un feuillage vibrant et des températures plus froides. Voici ce que vous devez apporter :

- Emportez une variété de chemises à manches longues, de pulls et de vestes légères qui peuvent être facilement superposées.

- **Jeans et pantalons :** Pour plus de confort et de chaleur, apportez des jeans, des pantalons en velours côtelé et des leggings.

- **Chaussures fermées :** Choisissez des chaussures fermées comme des bottines ou des baskets confortables.

- **Écharpe et gants :** À mesure que la température baisse, une écharpe et des gants légers peuvent s'avérer utiles.

- **Veste de poids moyen :** Lors des nuits froides, une veste ou un manteau de poids moyen vous gardera au chaud.

**Mois d'hiver (de décembre à février) :**
Les hivers à New York se caractérisent par des températures basses et la probabilité de chutes de neige. L'idée est de rester au chaud tout en ayant l'air à la mode. Voici ce que vous devez apporter :

Les pulls chauds, les chemises thermiques et les leggings thermiques doivent être emballés pour être superposés.

Apportez un grand manteau isolant pour rester au chaud par temps inférieur à zéro.

**Accessoires chauds :** Apportez un bonnet, des cache-oreilles, des gants et une écharpe pour rester au chaud.

**Chaussettes et bottes thermiques :** Des chaussettes thermiques et des bottes imperméables garderont vos pieds au chaud.

**Thermiques et couches de base :** Pour plus de chaleur, apportez des sous-vêtements thermiques.

**Parapluie:** Compte tenu du risque de neige et de pluie, un parapluie solide est un complément pratique.

**Chauffe-mains et pieds :** Lors des journées exceptionnellement froides, ces réchauffeurs jetables compacts peuvent offrir un confort supplémentaire.

# Chapitre 3 :

# Options d'hébergement

La ville de New York, épicentre culturel, commercial et créatif, propose une sélection variée d'alternatives d'hébergement adaptées aux intérêts et au budget de tous les voyageurs. Trouver l'endroit idéal pour séjourner dans la ville qui ne dort jamais peut être une aventure passionnante, des hôtels opulents offrant une vue imprenable sur l'horizon aux motels-boutiques pittoresques enfouis dans des quartiers historiques. Nous explorerons le vaste monde des alternatives d'hébergement à New York dans ce guide détaillé pour vous aider à prendre une décision éclairée pour votre séjour.

**1. Des hôtels du plus haut calibre :**
Pour ceux qui recherchent le summum du luxe et de la grandeur, la ville de New York regorge

d'hôtels exquis qui offrent une expérience inoubliable. Ces lieux offrent une oasis de paix au milieu de l'agitation de la ville, avec un décor somptueux, des équipements de premier ordre et un service irréprochable. Des alternatives emblématiques telles que le Plaza Hotel et le St. Regis New York donnent un sentiment de grandeur intemporelle, tandis que des trésors modernes tels que le Four Seasons et le Ritz-Carlton offrent un avant-goût du raffinement contemporain.

**2. Auberges de charme :**

Les hôtels-boutiques de New York offrent un cadre plus intime et personnalisé. Ces motels plus petits et appartenant à des particuliers présentent souvent des designs uniques, des intérieurs artistiques et des thèmes inhabituels. Le NoMad Hotel, célèbre pour son environnement élégant, et le Greenwich Hotel, au charme rustique au cœur de Tribeca, sont tous deux des exemples exceptionnels d'hôtels de charme offrant à la fois style et confort.

**3. Hôtels milieu de gamme :**

Les hôtels à prix moyen trouvent un équilibre entre prix et confort. Ils offrent des commodités de base et un séjour agréable à un prix raisonnable. Les chaînes hôtelières telles que Hilton, Marriott et Holiday Inn possèdent plusieurs sites à travers la ville, ce qui les rend idéales pour les clients soucieux de leur budget.

**4. Alternatives économiques :**
New York est reconnue pour ses nombreux quartiers et des hébergements abordables peuvent être trouvés dans toute la ville. Des auberges telles que HI NYC Hostel dans l'Upper West Side et The Local NYC à Long Island City proposent des logements bon marché avec des espaces publics pour la socialisation. De plus, les maisons d'hôtes et les hébergements Airbnb situés dans les quartiers résidentiels offrent une expérience locale plus abordable.

**5. Locations pour les vacances :**
Les locations de vacances sont une option populaire pour ceux qui souhaitent découvrir le confort de leur chez-soi lors de leur visite à

New York. Airbnb et VRBO offrent une variété de possibilités, allant des appartements individuels aux maisons complètes. C'est un excellent choix pour les familles ou les grands groupes qui recherchent plus d'espace et la commodité d'une cuisine.

**6. Hébergement pour séjour de longue durée :**

Envisagez des alternatives de séjour prolongé telles que des appartements meublés ou des Upaparthotels si vous prévoyez une visite plus longue. Ceux-ci offrent des installations de type familial, notamment une cuisine et un salon, ce qui les rend parfaits pour les touristes qui souhaitent découvrir la ville comme un natif.

**7. Auberges :**

Les auberges sont une option abordable pour les voyageurs solitaires, les routards et tous ceux qui souhaitent rencontrer d'autres voyageurs. Ils proposent souvent des chambres de style dortoir avec des salles de bains communes et des espaces publics pour socialiser. Pour les clients à la recherche de ce type d'hébergement, HI NYC Hostel et The

Local NYC sont deux possibilités très appréciées.

**8. Établissements de chambres d'hôtes :**
Pensez à séjourner dans un bed and breakfast (B&B) dans l'un des charmants quartiers de New York pour une expérience confortable et personnalisée. Les chambres d'hôtes offrent une atmosphère accueillante, de délicieux petits-déjeuners et la possibilité de dialoguer avec des hôtes locaux et d'autres invités.

**9. Logement d'entreprise :**
Les appartements d'entreprise s'adressent aux voyageurs d'affaires ainsi qu'aux personnes à la recherche d'un logement à long terme. Ces appartements entièrement meublés comprennent souvent des équipements tels qu'un abonnement à une salle de sport, une blanchisserie et un service de conciergerie.

**10. Considérations relatives à l'emplacement :**
Pensez aux quartiers que vous souhaitez visiter lors du choix de votre hébergement. Midtown Manhattan est animé et central, mais des

quartiers comme SoHo et Greenwich Village sont plus artistiques et diversifiés. Brooklyn et le Queens ont une atmosphère plus locale et pourraient constituer d'excellents choix pour une expérience plus décontractée.

## Un aperçu du quartier

La ville de New York, parfois connue sous le nom de « cinq arrondissements », est une ville grande et variée composée d'une multitude de quartiers, chacun avec son caractère, sa culture et son histoire distincts. Les quartiers de New York constituent une tapisserie complexe qui incarne l'essence de la personnalité dynamique de la ville, des célèbres rues de Manhattan aux villages animés de Brooklyn, du Queens, du Bronx et de Staten Island. Au cours de cette visite approfondie, nous explorerons certains des quartiers les plus remarquables et les plus intrigants qui constituent le cœur et l'âme de la Big Apple.

**1. Manhattan :**

- **Times Square:** Centre de divertissement, de théâtre et de shopping, Times Square est l'incarnation des néons et de l'excitation. Le cœur palpitant du quartier de Broadway et un incontournable pour les touristes.

- **Parc central:** Ce paradis urbain réputé offre un soulagement bienvenu à l'agitation de la ville. Central Park est un refuge pour les habitants et les visiteurs, avec ses magnifiques paysages, ses lacs tranquilles et ses attractions culturelles.

- **SoHo :** Avec ses allées pavées et son ambiance artistique, SoHo est un paradis pour le shopping, la galerie d'art et les boutiques chics. C'est un paradis pour les esprits créatifs et les personnes à la recherche d'expériences uniques.

- **Upper East Side :** Le Museum Mile, qui comprend des institutions de renommée mondiale telles que le Metropolitan Museum of Art et le musée Guggenheim, est situé dans ce quartier riche.

## 2. Brooklyn :

- **Williamsburg :** Williamsburg est un sanctuaire pour les artistes, musiciens et créatifs, offrant un mélange de culture hipster et de charme historique. Les magasins d'antiquités de la ville, les brasseries locales et la scène culinaire diversifiée sont autant d'attractions majeures.

-**DUMBO :** DUMBO est un quartier florissant au bord de l'eau, réputé pour ses vues spectaculaires sur les toits de Manhattan, ses galeries d'art et ses restaurants à la mode.

- **Pente du parc :** Quartier familial bordé d'arbres, Park Slope est réputé pour ses pierres brunes historiques, Prospect Park et un fort sentiment de communauté.

## 3. Reines :

-**Astoria :** Astoria est un creuset culturel connu pour sa scène culinaire diversifiée, ses festivals ethniques et le magnifique parc Astoria, qui offre une vue imprenable sur l'East River et Manhattan.

**- Ville de Long Island :** Long Island City, avec son ambiance industrielle-chic, est devenue un haut lieu de l'art, abritant des institutions telles que le MoMA PS1 et présentant de magnifiques parcs au bord de l'eau.

**4. Le sud du Bronx :**

**- Le sud du Bronx :** Autrefois connu pour ses difficultés, le South Bronx a récemment connu un réaménagement. Le zoo du Bronx, le Yankee Stadium et l'historique Arthur Avenue offrent ensemble un mélange unique de plaisirs culturels, sportifs et gastronomiques.

**5. Staten Island, New York :**

**- Saint George:** Le port ferry de Staten Island est situé dans cette zone riveraine, offrant une vue imprenable sur la Statue de la Liberté et les toits de Manhattan. Le Théâtre St. George, une institution historique des arts du spectacle, est également situé à St. George.

- **Ville historique de Richmond :** Voyagez dans le temps dans ce musée d'histoire vivante, qui présente des structures de l'époque coloniale et des reconstitutions du passé de Staten Island.

## 6.Harlem :

-**Harlem :** Ce quartier historique possède un riche passé musical, artistique et culturel. Explorez le théâtre Apollo, goûtez à la cuisine soul et perdez-vous dans les rythmes du jazz et de la musique gospel.

## 7. Village Est :

- **Lower East Side :** Historiquement destination des immigrants, le Lower East Side abrite aujourd'hui un mélange de clubs à la mode, de magasins excentriques et de bâtiments historiques tels que le Tenement Museum.

## 8. Le quartier financier

- **Quartier financier:** Abritant Wall Street, le mémorial du 11 septembre et le spectaculaire centre de transit Oculus, ce quartier est le cœur battant du secteur financier de New York.

**9.Chelsea :**

**-Chelsea :** Connue pour ses galeries d'art et le parc High Line, créé sur une voie ferrée surélevée désaffectée, Chelsea est un haut lieu de l'art moderne et des loisirs de plein air.

**10. Greenwich Village, New York :**

- **Greenwich village:** Ce quartier bohème est connu pour ses brownstones historiques, Washington Square Park, et son importance dans la Beat Generation et les mouvements de musique folk.

Chaque quartier de New York a un caractère distinct qui ajoute au tissu coloré et dynamique de la ville. L'exploration de ces quartiers vous permet de vous immerger dans les diverses histoires et expériences qui distinguent les cinq arrondissements, des sites historiques aux hauts lieux culturels actuels. Que vous soyez attiré par les lumières scintillantes de Times Square, le dynamisme créatif de Williamsburg ou la beauté historique de Greenwich Village, les quartiers de New York vous attendent à bras ouverts et une pléthore d'histoires à partager.

## Suggestions d'hôtels pour différents budgets

New York, la ville qui ne dort jamais, propose un large éventail d'alternatives d'hébergement pour tous les types de touristes et tous les budgets. Le large choix d'hébergements de la ville garantit que chaque touriste peut trouver un chez-soi tout au long de son séjour, depuis les riches hôtels de luxe qui offrent des expériences somptueuses jusqu'aux hébergements confortables et économiques qui favorisent l'économie. Cet article passera en revue les choix d'hôtels pour différents budgets, vous permettant de prendre une décision éclairée et de profiter du meilleur de New York, quel que soit l'argent dont vous disposez.

**1. Des hébergements du plus haut calibre :**

**- Le St. Regis New York :** Le St. Regis, situé au centre de Midtown Manhattan, dégage une grandeur et un raffinement intemporels. Cet hôtel historique offre une expérience inoubliable avec son élégance raffinée, son service de premier ordre et ses installations opulentes.

**- Le Ritz-Carlton New York, Central Park :** Cet hôtel historique est situé près de Central Park et offre des vues spectaculaires sur le parc et les toits de Manhattan. Le Ritz-Carlton, connu pour son service exceptionnel et ses installations de luxe, offre un sanctuaire luxueux au cœur de la métropole.

**- Le Peninsula New York :** Bénéficiant d'un superbe emplacement sur la Cinquième Avenue, The Peninsula allie luxe contemporain et élégance intemporelle. Pour un séjour somptueux, visitez l'excellent spa, le bar sur le toit et le restaurant étoilé Michelin de l'hôtel.

## 2. Options au milieu :

**- Hilton Garden Inn Times Square :** Cet hôtel idéalement situé au milieu de Times Square propose un hébergement agréable. En raison de son accessibilité aux théâtres, aux restaurants et aux activités, c'est une excellente alternative pour les clients recherchant un emplacement central sans compromettre la qualité.

**- Le New Yorker, un hôtel Wyndham :** Cet hôtel historique situé à proximité de Penn Station et du Madison Square Garden offre des commodités contemporaines et un accès pratique aux attractions importantes. Son attrait Art déco et son faible coût en font un choix milieu de gamme populaire.

**- L'Hôtel Roosevelt :** Le Roosevelt Hotel, situé à Midtown Manhattan, offre une expérience new-yorkaise par excellence avec sa célèbre enseigne au néon et son magnifique décor. Sa proximité avec Grand Central Terminal et Times Square constitue un attrait majeur pour les visiteurs.

## 3. Hébergement économique :

- **Hôtel Pod 51 :** Cet hôtel au concept unique de Midtown East propose des chambres petites mais confortables, ce qui en fait une excellente alternative pour les clients soucieux de leur budget. Des installations modernes, des espaces communs et un bar sur le toit avec vue panoramique sont disponibles.

- **Auberge HI NYC :** Cette auberge de l'Upper West Side est idéale pour les routards et les voyageurs solitaires, proposant un hébergement économique de style dortoir et un environnement convivial. C'est un excellent choix pour les personnes souhaitant rencontrer d'autres voyageurs avec un budget limité.

- **L'Hôtel Jane :** Le Jane Hotel, situé dans le West Village, propose des chambres minuscules mais magnifiques de style cabine. Son architecture unique, son emplacement idéal et ses tarifs abordables en font une option préférée des jeunes touristes.

## 4. Appel de boutique :

- **Le NoMad Hôtel :** Cet hôtel de charme situé dans le quartier populaire de NoMad est connu pour son décor époustouflant, sa cuisine haut de gamme et son jardin sur le toit. Il offre une ambiance élégante mais confortable aux personnes à la recherche d'une expérience unique.

- **L'Hôtel High Line :** Installé dans un séminaire historique, le High Line Hotel allie beauté d'antan et commodités contemporaines. Sa proximité avec les galeries High Line Park et Chelsea ajoute à son attrait.

- **L'Hôtel Marlton :** Le Marlton Hotel, situé à Greenwich Village, propose de belles chambres au style d'inspiration vintage. Son emplacement idéal et sa belle ambiance attirent les visiteurs à la recherche d'une expérience de boutique.

## 5. Options familiales :

- **Le Westin New York à Times Square :** Avec ses grandes chambres et ses installations adaptées aux familles, cet hôtel est idéal pour les familles. Les familles apprécieront son emplacement idéal à proximité de Times Square et des théâtres de Broadway.

- **Hôtel Balise** : L'hôtel Beacon, situé dans l'Upper West Side, propose des chambres de style suite avec kitchenette, ce qui le rend idéal pour les familles. Sa proximité avec Central Park et ses activités adaptées aux enfants contribuent à son attrait familial.

- **Courtyard by Marriott New York Manhattan/Midtown East** : Cet hôtel familial propose des hébergements agréables et se trouve à proximité du Grand Central Terminal. Sa piscine intérieure et son ambiance conviviale séduisent les familles voyageant avec des enfants.

# Chapitre 4 :

# Monuments et attractions

La ville de New York, ville de rêves et d'aspirations, est décorée d'un superbe assortiment de structures et d'attractions renommées qui ont captivé l'esprit des gens du monde entier depuis des années. Des gratte-ciel de Manhattan aux vieux quartiers de Brooklyn, ces monuments sont non seulement des emblèmes de la grandeur de la ville mais aussi des témoignages de sa riche histoire et de sa diversité culturelle. Dans cette aventure, nous visiterons certains des monuments les plus emblématiques et des sites incontournables qui caractérisent l'âme de New York.

**1. Statue de la Liberté :**
La Statue de la Liberté est sans aucun doute l'emblème le plus reconnaissable de la ville de New York, se dressant comme un phare de

liberté et de démocratie. Cette sculpture néoclassique massive, située sur Liberty Island dans le port de New York, a été offerte aux États-Unis par la France en 1886. Les visiteurs peuvent prendre un bateau pour l'île et visiter le musée avant de monter sur la couronne pour une vue panoramique sur l'horizon métropolitain.

**2. Times Square à New York :**
Times Square, le carrefour du monde, est un magnifique spectacle de lumières, de divertissements et de vitalité bouillonnante. Ce monument renommé, connu pour ses panneaux publicitaires au néon, ses théâtres de Broadway et son ambiance énergique, est le centre du quartier théâtral de la ville et le lieu du célèbre bal du Nouvel An.

**3. Parc Central :**
Central Park, sanctuaire de 843 acres au milieu du chaos urbain, offre un répit aux habitants et aux touristes. C'est un refuge de loisirs, de plaisir et d'enrichissement culturel, avec ses allées sinueuses, ses prairies, ses lacs et ses

attractions culturelles comme le zoo de Central Park.

### 4. L'Empire State Building de New York :
L'Empire State Building, qui domine l'horizon depuis sa construction en 1931, est à la fois une merveille architecturale et un témoignage de l'ingéniosité humaine. Les visiteurs peuvent admirer des vues panoramiques sur la ville depuis les ponts d'observation situés aux 86e et 102e niveaux.

### 5. Le pont de Brooklyn
Le pont de Brooklyn relie Manhattan et Brooklyn de l'autre côté de l'East River et constitue à la fois une merveille d'ingénierie et un symbole de la croissance de la ville. Ses vastes câbles et ses tours majestueuses en font une destination prisée des photographes et des piétons à la recherche de vues spectaculaires.

### 6. World Trade Center Un :
Le One World Trade Center, également connu sous le nom de Freedom Tower, est un symbole de résilience et d'espoir sur le site où

se dressaient autrefois les Twin Towers. Le Mémorial et musée du 11 septembre rend hommage aux personnes décédées lors des événements tragiques du 11 septembre 2001.

**7. La rue des musées :**
La Cinquième Avenue, qui longe la limite est de Central Park, abrite le « Museum Mile », un ensemble d'institutions de classe mondiale. Le Metropolitan Museum of Art (The Met), le Museum of Modern Art (MoMA) et le Solomon R. Guggenheim Museum font partie des trésors culturels à découvrir.

**8. Le Rockefeller Center**
Le Rockefeller Center, centre de divertissement, de shopping et d'expression artistique, est célèbre pour sa patinoire, le Radio City Music Hall et l'éclairage annuel du sapin de Noël. La plate-forme d'observation du « Top of the Rock » offre une vue panoramique sur la ville.

**9. Broadway :**
Broadway, le cœur battant des spectacles théâtraux et musicaux, présente une gamme

diversifiée de productions qui captivent le public par leur créativité, leur talent et leur narration. Voir un spectacle à Broadway est un incontournable à New York.

**10. Ligne haute :**
La High Line, qui transforme une voie ferrée désaffectée en un parc urbain à couper le souffle, est une attraction unique en son genre qui offre une nouvelle perspective sur la ville. Ce parc linéaire, surélevé au-dessus des rues, présente des jardins, des installations artistiques et des vues à couper le souffle.

**11. Terminal Grand Central (GCT) :**
Grand Central Terminal est une œuvre d'art à la fois en matière d'architecture et de transport, et c'est bien plus qu'une simple gare. Son somptueux hall principal, son plafond céleste et sa grande horloge l'ont aidé à devenir un monument bien-aimé de la ville de New York.

**12. Coney Island, New York :**
Coney Island est un terrain de jeu de nostalgie et de plaisir, avec des manèges historiques, les

emblématiques montagnes russes Cyclone et le spectacle coloré de la Mermaid Parade.

**13. Le Metropolitan Opera House (Metropolitan Opera House) :**
Le Metropolitan Opera House du Lincoln Center, qui accueille des représentations d'opéra de classe mondiale, est un temple de l'art et de la culture qui attire les amateurs d'opéra du monde entier.

**14. Le Stade Yankee :**
Le Yankee Stadium est le stade des Yankees de New York et un sanctuaire de l'histoire du baseball et du sport. L'aura du stade résonne des échos de joueurs légendaires et de moments inoubliables.

**15. Zoo du Bronx :**
Le zoo du Bronx, l'un des plus grands zoos métropolitains du monde, offre aux visiteurs la possibilité d'interagir avec la faune et de se renseigner sur les efforts de conservation.

## Des attractions incontournables comme Times Square, la Statue de la Liberté, l'Empire State Building, etc.

La ville de New York, épicentre mondial de la culture, du commerce et de la créativité, est ornée d'une multitude d'attractions incontournables qui définissent désormais l'identité de la ville. Ces sites ne sont pas seulement des monuments mais aussi des emblèmes de la fascination éternelle de New York, des lumières vives de Times Square à la beauté intemporelle de la Statue de la Liberté et au profil distinctif de l'Empire State Building. Au cours de cette excursion, nous visiterons certains des sites incontournables les plus fascinants qui reflètent l'âme de la Grosse Pomme.

**1. Times Square à New York :**

Times Square est une représentation cinétique de l'énergie vibrante et de l'esprit dynamique de New York. Le confluent de Broadway et de la Septième Avenue est une explosion sensorielle pour les résidents et les touristes, flamboyante de néons et de panneaux d'affichage imposants. C'est un carrefour de l'art, des affaires et du divertissement, avec des affiches plus grandes que nature faisant la promotion des dernières représentations ornant les théâtres emblématiques de Broadway. L'attrait de Times Square est particulièrement fort la nuit, lorsque les lumières créent un sanctuaire illuminé au milieu de l'obscurité métropolitaine. Que vous soyez ici pour assister au bal du Nouvel An, voir un spectacle de Broadway ou simplement vous imprégner de l'atmosphère exaltante, Times Square est une destination incontournable qui incarne l'âme de la ville qui ne dort jamais.

**2. Statue de la Liberté :**

La Statue de la Liberté, emblème international de liberté et de démocratie, constitue un hommage durable aux principes qui constituent les États-Unis. Ce chef-d'œuvre néoclassique a été offert par la France en 1886 et se trouve aujourd'hui sur Liberty Island, dans le port de New York. Le monument, qui abrite un flambeau des Lumières et une tablette représentant l'État de droit, a accueilli de nombreux immigrants sur les côtes américaines. Les visiteurs peuvent visiter le musée et grimper jusqu'à la couronne pour admirer une vue panoramique sur les toits de la ville en prenant le bateau jusqu'à l'île. Alors que vous vous tenez à l'ombre de ce symbole massif, vous vous souvenez des espoirs et des ambitions qui ont défini la ville et le pays.

### 3. L'Empire State Building de New York :

L'Empire State Building témoigne de l'ingéniosité humaine et du génie architectural. Ce gratte-ciel de 102 étages, œuvre d'architecture Art déco, a été pendant des décennies la plus haute structure du monde. Sa célèbre tour est visible à des kilomètres à la ronde et les ponts d'observation des 86e et 102e étages offrent une vue inégalée sur le vaste paysage de la ville. La forme de l'Empire State Building est désormais associée à l'horizon de New York, et escalader ses hauteurs offre non seulement un festin visuel, mais aussi une profonde appréciation des nobles aspirations de la ville.

## 4. Parc Central :

Central Park, oasis luxuriante au milieu du chaos urbain, offre un refuge de calme et de détente au cœur de Manhattan. Ce cadre de 843 acres possède des routes sinueuses, une herbe luxuriante, des lacs magnifiques et une pléthore d'offres culturelles. Le parc offre un soulagement à l'agitation de la ville, que vous ramiez sur un bateau sur le lac Central Park, que vous vous promeniez dans le jardin Shakespeare ou que vous admiriez la grandeur de Bethesda Terrace. Sa beauté naturelle et la variété de ses activités en font une destination incontournable aussi bien pour les habitants en quête de refuge que pour les touristes en quête de calme.

## 5. Le pont de Brooklyn

Le pont de Brooklyn traverse l'East River et relie Manhattan et Brooklyn. C'est à la fois une merveille technique et un symbole de connectivité. Ses gracieux câbles suspendus et ses tours imposantes en font une merveille architecturale et une destination prisée des photographes et des promeneurs. Un voyage sur le pont offre non seulement une vue panoramique sur la ville, mais unit également deux quartiers uniques, chacun avec sa personnalité et son charme. La travée de Brooklyn reflète l'esprit de la capacité de New York à franchir les barrières et à unifier des groupes disparates, que vous soyez à pied, à vélo ou simplement en contemplant sa grandeur.

**6. World Trade Center Un :**

Le One World Trade Center, communément appelé Freedom Tower, se dresse sur le site des Twin Towers comme un symbole de persévérance et de commémoration. Ce gratte-ciel, s'élevant fièrement sur le ciel, est un symbole d'optimisme et de renouveau. Au pied de la tour, le mémorial et musée du 11 septembre rend hommage aux personnes décédées lors des tristes événements du 11 septembre 2001, tandis que la plate-forme d'observation offre des vues imprenables qui représentent l'esprit durable de la ville.

## 7. La rue des musées :

Museum Mile, qui longe la Cinquième Avenue du côté est de Central Park, est un couloir culturel qui abrite plusieurs organisations de classe mondiale. Du Metropolitan Museum of Art (The Met) au Museum of Modern Art (MoMA), célébration de la créativité contemporaine, en passant par l'emblématique musée Solomon R. Guggenheim, chef-d'œuvre à part entière, Museum Mile propose un voyage à travers l'art, l'histoire et la culture qui définissent l'héritage intellectuel de la ville.

## 8. Le Rockefeller Center

Le Rockefeller Center est un microcosme de la diversité de la ville de New York, alliant divertissement, vente au détail et expression créative. Sa patinoire, qui sert de point central tout au long des mois d'hiver, incarne l'ambiance de Noël. La maison des Rockettes, le Radio City Music Hall, organise des concerts spectaculaires et l'éclairage annuel du sapin de Noël attire des visiteurs du monde entier. La plateforme d'observation « Top of the Rock » offre une vue panoramique sur l'horizon métropolitain, offrant aux visiteurs une vue plongeante sur la vitalité dynamique de la ville.

**9. Broadway :**

Broadway est lié au théâtre de haute qualité et à l'enchantement des spectacles live. Ce boulevard est le cœur des prouesses théâtrales mondiales, avec ses immenses chapiteaux, ses scènes pleines de talents et sa narration captivante. Assister à une pièce de théâtre de Broadway, des classiques intemporels aux spectacles avant-gardistes, est une expérience new-yorkaise distinctive qui vous plonge dans le monde passionnant de la narration, de la musique et du théâtre.

**10. Ligne haute :**

La High Line réinvente l'environnement urbain en transformant une voie ferrée désaffectée en un parc surélevé tranquille. Des jardins luxuriants, des œuvres d'art et des vues panoramiques sur la ville offrent un répit attrayant dans les rues trépidantes de la ville. Ce parc linéaire encourage les visiteurs à se promener au milieu de la beauté naturelle tout en admirant l'art et en acquérant une nouvelle perspective sur les bâtiments environnants.

## Secrets d'initiés pour éviter les foules et obtenir les plus belles vues

New York, une ville animée qui attire des gens du monde entier, peut être à la fois passionnante et bouleversante. Si les sites célèbres de la ville attirent les visiteurs, il existe des joyaux cachés et des moyens astucieux qui vous permettent de ressentir l'esprit de la ville sans vous perdre dans la foule. Nous vous fournirons des stratégies secrètes pour vous aider à éviter les foules et à obtenir les plus belles vues, vous permettant ainsi de découvrir New York d'une manière plus personnelle et plus vraie.

**1. Élaborez un plan de visite stratégique :**

- **Heures creuses :** À New York, le timing est crucial. Pour éviter les foules, visitez les lieux populaires tôt le matin ou tard dans la journée. Visitez tout au long de la semaine lorsque les résidents sont au travail et évitez les hautes saisons touristiques comme l'été et les grandes vacances.

- **Jours de semaine pour les musées :** Si vous souhaitez visiter les musées, allez-y en semaine car ils sont moins fréquentés que le week-end.

**2. Acceptez les transports locaux :**

- **Prendre le métro:** Même si le système de métro de New York peut sembler écrasant, il s'agit d'un moyen rapide et facile de se déplacer. Évitez les heures de pointe (8h-10h et 17h-19h) pour un trajet moins encombré.

- **Marcher et explorer :** De nombreuses attractions de Manhattan se trouvent à quelques pas les unes des autres. En vous promenant dans les quartiers, vous découvrirez peut-être des trésors cachés tout en évitant les métros et les taxis bondés.

**3. Acquérir de nouvelles perspectives :**

**- Barres de toit :** Les bars sur les toits de New York offrent une vue imprenable sur le paysage urbain. 230 Fifth, The Press Lounge et Top of the Strand sont tous des choix populaires. Visitez-le à l'happy hour pour découvrir les sites touristiques sans la foule de la soirée.

**- Parc High Line :** La High Line, un parc surélevé créé sur une voie ferrée désaffectée, offre des vues spectaculaires sur l'architecture et les paysages de la ville. Visitez aux heures creuses pour une promenade calme parmi la flore et les installations artistiques.

**- Empire State Building:** Même si la plate-forme d'observation de l'Empire State Building peut être très fréquentée, essayez d'y aller tôt le matin pour observer le lever du soleil ou tard dans la soirée pour admirer les lumières scintillantes de la ville.

**4. Découvrez des trésors cachés :**

**- Parc du pont de Brooklyn :** Rendez-vous au Brooklyn Bridge Park à DUMBO pour une vue imprenable sur les toits de Manhattan. C'est un excellent endroit pour s'éloigner de la foule et prendre des photos célèbres du pont de Brooklyn.

**- Cathédrale Saint-Patrick :** Même si des sites emblématiques comme la cathédrale Saint-Patrick connaissent des temps plus calmes, ils existent. Arrivez tôt ou en dehors des heures de service pour éviter la foule et admirer la magnifique architecture.

**- Tramway de l'île Roosevelt :** Le tramway de Roosevelt Island offre une vue unique sur la ville et l'East River. Les vues sont à couper le souffle et l'expérience est souvent moins encombrée que d'autres destinations touristiques.

**5. Explorez en dehors de Manhattan :**

- **Ville de Long Island :** Long Island City, située au-dessus de l'East River, est un trésor caché offrant des vues spectaculaires sur les toits de Manhattan. Le Gantry Plaza State Park offre une ambiance relaxante ainsi que des possibilités de photos fantastiques.

- **Ferry de Staten Island :** Le Staten Island Ferry est un voyage gratuit et célèbre qui offre des vues spectaculaires sur la Statue de la Liberté et les toits de Manhattan. Prenez le bateau pendant les heures creuses pour une balade plus spacieuse.

**6. Les billets et les visites peuvent être réservés à l'avance :**

- **Billets coupe-file :** De nombreuses attractions proposent des billets coupe-file, vous permettant d'éviter les files d'attente énormes. Investissez dans ces billets pour gagner du temps et éviter de faire la queue.

- **Visites guidées:** Pour les sites populaires, pensez à assister à des visites guidées. Ils offrent souvent un accès privilégié, un accès anticipé et des informations utiles de la part de conseillers qualifiés.

## 7. Gardez un œil sur la météo :

**- Jours de pluie:** Les jours de pluie peuvent éloigner les foules des sites extérieurs, ce qui vous permet d'en profiter avec moins de monde. Pensez à apporter votre parapluie et votre imperméable.

**- Température froide:** Visiter pendant les mois d'hiver peut entraîner une diminution du nombre de touristes. Enveloppez-vous bien et visitez les attractions intérieures, les musées et les cafés sympas de New York.

## 8. Mélangez-vous et aventurez-vous loin de la foule :

**- Découvrez les quartiers :** Chacun des quartiers de New York a sa personnalité distincte. Pour une expérience plus authentique, sortez des quartiers touristiques habituels et visitez Astoria, Williamsburg ou Harlem.

- **Habillez-vous comme un local :** Pour éviter de passer pour un visiteur, habillez-vous comme un New-Yorkais. Choisissez des vêtements confortables mais à la mode qui vous aideront à vous intégrer en douceur.

**9. Utiliser la technologie :**

- **Applications mobiles:** Utilisez des applications mobiles telles que Google Maps et Citymapper pour parcourir la ville efficacement et localiser des itinéraires alternatifs pour éviter les endroits très fréquentés.

- **Visites virtuelles :** Si vous ne pouvez pas visiter certains lieux en personne, plusieurs proposent des visites virtuelles en ligne. Cela pourrait être une excellente façon de visiter les principaux lieux sans la foule.

# Chapitre 5 :

# Expériences culturelles

La ville animée de New York est un hommage à la cohabitation pacifique de nombreuses cultures, offrant une tapisserie d'expériences uniques en leur genre, sans égal dans le monde. Avec sa riche histoire, ses bâtiments célèbres, ses quartiers dynamiques et ses institutions culturelles de classe mondiale, la ville de New York offre une mosaïque d'expériences culturelles qui captivent l'imagination et éveillent les sens.

**1. Repères de notoriété :**
Certains des monuments les plus importants de New York définissent non seulement sa géographie mais aussi son caractère culturel. La Statue de la Liberté, symbole de liberté et

de démocratie, accueille les touristes à bras ouverts. L'Empire State Building, hommage à l'effort humain et au développement, perce l'horizon. Le pont de Brooklyn, merveille architecturale, unit les arrondissements et offre des vues imprenables sur Manhattan. Ces monuments sont non seulement admirés pour leur magnificence architecturale, mais ils reflètent également les idées et les objectifs de la ville.

## 2. Variation culturelle :

Le cœur de New York se trouve dans ses quartiers, chacun ayant son caractère culturel distinct. Chinatown, Little Italy, Harlem et Lower East Side ne sont que quelques exemples des différents quartiers de la ville. Explorer ces quartiers, c'est comme partir à l'aventure à travers le monde sans quitter la ville. Les visiteurs peuvent goûter à la cuisine locale, assister à des événements culturels et interagir avec des individus du monde entier via leurs coutumes et leurs langues.

## 3. Divertissement et arts :

La ville de New York est un haut lieu culturel. Broadway, parfois connue sous le nom de « Great White Way », représente l'apogée des représentations théâtrales. Les théâtres de Times Square dégagent une intensité étincelante qui attire les spectateurs du monde entier. Le Metropolitan Museum of Art (le Met) présente une variété encyclopédique de trésors créatifs de divers pays et périodes, tandis que le Musée d'art contemporain (MoMA) possède une collection qui couvre la croissance de l'art contemporain.

**4. Délices en cuisine :**
La scène culinaire de New York reflète la diversité ethnique de la ville. Les choix culinaires de la ville reflètent son héritage multiculturel, allant des food trucks servant une cuisine fusion aux restaurants haut de gamme dirigés par des chefs de renommée mondiale. Un morceau de pizza à la new-yorkaise, un sandwich au pastrami ou un festin international à plusieurs plats : les alternatives sont aussi variées que la ville elle-même.

**5. Célébrations et festivals :**

Tout au long de l'année, la ville de New York organise de nombreux festivals et événements honorant de nombreuses cultures et coutumes. Pour ne citer que quelques exemples, citons le carnaval antillais américain, le défilé du Nouvel An lunaire, le festival des lumières de Diwali et la fête de San Gennaro. Ces activités rassemblent non seulement les communautés, mais donnent également un aperçu de la diversité culturelle de la ville.

**6. Centre académique et intellectuel :**
Outre ses compétences esthétiques et culinaires, New York est également un centre culturel et intellectuel. Ses universités et instituts de recherche attirent certains des plus grands cerveaux du monde. La communauté littéraire de la ville, soutenue par d'anciennes librairies et un long héritage de salons littéraires, prospère. Des événements comme le Brooklyn Book Festival et des séminaires dans des lieux comme le 92nd Street Y contribuent à développer une atmosphère intellectuelle.

# Productions Broadway et Off-Broadway

Au centre de la ville animée de New York, deux mondes théâtraux se détachent comme des lumières brillantes d'éclat créatif : Broadway et Off-Broadway. Ces scènes de renommée mondiale sont bien plus que de simples lieux de divertissement ; ils rendent hommage au riche héritage culturel de la ville, à son engagement envers les arts du spectacle et à sa position en tant que lien mondial de créativité et d'innovation.

**Broadway : la grande scène spectaculaire des rêves**

Broadway, souvent connu sous le nom de « Great White Way », est un lieu où les rêves deviennent réalité, où les stars naissent et où le public est emmené dans des mondes narratifs magiques. Broadway est désormais associée à la grandeur, au spectacle et au summum de la qualité théâtrale, avec ses immenses théâtres entourant les trottoirs animés de Times Square.

**1. Prestige dans l'Histoire :**
L'histoire de Broadway remonte à la fin des années 1800, lorsqu'elle a émergé des spectacles de vaudeville et de variétés qui ornaient les scènes de New York. Il est devenu au fil des années un monstre théâtral, présentant une gamme variée de spectacles allant des classiques intemporels aux pièces actuelles. Broadway a donné naissance à de nombreux grands spectacles, transformant les artistes en légendes et les pièces de théâtre en références culturelles.

**2. Productions mémorables :**
La fascination de Broadway ne vient pas seulement de son histoire, mais aussi de sa capacité à produire des œuvres qui capturent l'essence de la passion et de l'inventivité humaines. Des comédies musicales pétillantes telles que "Le Fantôme de l'Opéra" et "Hamilton" aux drames qui suscitent la réflexion tels que "Un tramway nommé Désir" et "Mort d'un vendeur", les représentations de Broadway couvrent un large éventail de genres et de problématiques. Les paysages extravagants, les costumes complexes et les

superbes performances se combinent pour offrir aux spectateurs un festin sensoriel.

**3. Un public mondial :**
L'influence de Broadway va bien au-delà de la ville de New York. Les touristes et les amateurs de théâtre du monde entier font le voyage pour constater par eux-mêmes le charme de Broadway. La publicité dans la rue, l'excitation des soirées d'ouverture et l'atmosphère exaltante de Times Square ajoutent au charme distinctif de Broadway.

**Off-Broadway : une étape intime d'exploration et d'innovation**

Off-Broadway est une communauté théâtrale animée située juste au-delà de la grandeur de Broadway. Off-Broadway est un lieu d'expérimentation, d'invention et d'exploration de scénarios alternatifs, à plus petite échelle mais non moins important. C'est un espace dans lequel de nouveaux auteurs, des réalisateurs audacieux et des acteurs dynamiques travaillent ensemble pour repousser les frontières de l'expression créative.

**1. Une plateforme de créativité :**
Les théâtres Off-Broadway offrent un environnement plus intime pour des artistes plus expérimentaux et avant-gardistes. Les artistes peuvent prendre des risques, remettre en question les conventions sociétales et explorer des problèmes difficiles qui pourraient ne pas convenir aux grandes scènes de Broadway. Cette flexibilité d'expérimentation se traduit par une grande variété de produits répondant à un large éventail de goûts et de préférences.

**2. Développement des talents émergents :**
Off-Broadway a servi de tremplin pour de nombreux artistes qui se sont forgés un nom à Broadway et dans le secteur du divertissement en général. Off-Broadway est souvent utilisé par les acteurs, les dramaturges et les metteurs en scène pour perfectionner leur art, acquérir une notoriété et établir un public dévoué. Certaines pièces Off-Broadway sont devenues

célèbres à part entière, consolidant ainsi leur place dans l'histoire du théâtre.

**3. Récits divers dans des contextes intimistes :**
L'un des attraits d'Off-Broadway est la possibilité de raconter des histoires personnelles dans des contextes tout aussi intimes. Les pièces hors Broadway, avec un public plus restreint et des normes de production inférieures, favorisent un sentiment d'intimité et d'authenticité. Cela permet une relation plus intime entre les artistes et les membres du public, augmentant ainsi l'impact émotionnel de l'histoire racontée.

## Musées, galeries d'art et événements culturels

Un trésor d'expériences culturelles couvrant toute la gamme de l'ingéniosité et de l'expression humaines se trouve dans le cadre métropolitain dynamique de la ville de New York. Dans cette ville animée, musées, galeries et événements culturels tissent une tapisserie immersive qui célèbre la grande variété de l'expérience humaine, offrant un voyage à travers le temps, l'art et la culture.

## Les musées comme passerelles vers le passé et le présent

Les musées de New York sont plus que de simples dépôts d'art et de reliques ; ce sont des fenêtres sur les contes qui définissent l'humanité. Chaque musée offre une perspective distincte sur l'interaction de l'histoire, de la culture et de l'innovation.

**1. Le Met (Metropolitan Museum of Art) :**
Le Metropolitan Museum of Art est un monument qui témoigne de l'étendue et de la profondeur de l'ingéniosité humaine. Sa vaste collection couvre les continents et les époques, permettant aux visiteurs de voyager à travers les cultures et les civilisations. La collection du Met couvre des périodes chronologiques et des genres créatifs, des antiquités égyptiennes anciennes aux chefs-d'œuvre de la Renaissance et aux œuvres contemporaines.

## 2. MoMA (Musée d'Art Moderne) :

Le MoMA est un refuge pour les amateurs d'art contemporain. Il expose des œuvres phares qui ont influencé la trajectoire du progrès créatif. La collection du musée, qui s'étend de Picasso à Pollock, illustre le panorama en constante évolution de l'expression créative et des mouvements d'avant-garde qui ont caractérisé la période contemporaine.

## 3. Le Musée américain d'histoire naturelle (AMNH) :

Cette célèbre institution emmène les touristes dans un voyage à travers la nature et l'histoire. Le musée allie connaissance et admiration pour susciter l'intérêt des visiteurs pour la planète sur laquelle nous vivons, avec des expositions de dinosaures grandeur nature, des expositions célestes et des reliques culturelles.

## Les galeries : un lieu de créativité et d'exploration

Les galeries de New York offrent un lieu permettant aux jeunes artistes d'exposer leurs travaux ainsi qu'aux artistes de renom pour explorer et repousser les limites de leur métier. Ces lieux servent d'incubateurs d'innovation et démontrent l'engagement de la ville à promouvoir la créativité.

**1. Quartier des arts de Chelsea :**
Chelsea est devenue un centre de galeries d'art moderne. Ses entrepôts restaurés et ses bâtiments contemporains présentent une collection éclectique d'œuvres d'art allant des peintures et sculptures aux installations multimédias et aux performances artistiques. La vitalité de l'exploration et de la conversation créative imprègne le quartier.

**2. Galeries du Lower East Side :**
Le Lower East Side possède une culture de galeries florissante, à la fois diversifiée et énergique. Cet espace invite les artistes à défier les conventions sociétales et à interagir avec les enjeux sociaux et politiques. Une promenade dans ces galeries permet de découvrir l'avant-garde de l'expression créative.

**3. La scène artistique de Brooklyn :**

Brooklyn a développé son propre caractère esthétique, encourageant la communauté et la créativité. Les galeries de Williamsburg, par exemple, comprennent un mélange d'art moderne, d'art de rue et d'œuvres expérimentales qui représentent la culture distincte de l'arrondissement.

**Festivals culturels : célébrer la diversité et la tradition**

Les festivals culturels de New York démontrent la diversité de la ville en reliant des groupes et en commémorant les coutumes du monde entier. Ces festivals apportent des couleurs éclatantes, une musique passionnante et un sentiment de convivialité à la ville.

**1. Carnaval des Américains antillais :**
Cette célébration annuelle de la culture caribéenne à Brooklyn propose des défilés éclatants, de la musique, de la danse et des costumes traditionnels. C'est une représentation vibrante de la population caribéenne de la ville et un hommage à leur histoire.

**2. Défilé et festival pour le Nouvel An lunaire :**
Pendant les célébrations du Nouvel An lunaire, Chinatown s'anime avec des danses du dragon, des spectacles d'arts martiaux et des décorations somptueuses. Le festival respecte les coutumes chinoises tout en mettant en valeur le tissu mixte de la ville.

**3. Lawn Party à l'ère du jazz :**
Cette célébration unique en son genre a lieu sur Governors Island et transporte les invités dans les années folles avec de la musique jazz, des tenues à clapet et des véhicules anciens. L'événement transmet le sentiment d'une époque révolue tout en soulignant le rôle de la ville de New York dans la génération de tendances culturelles.

# Chapitre 6 :
# Aventures culinaires

Une expérience culinaire attend les visiteurs désireux de ravir leurs papilles gustatives et de profiter des nombreux trésors gastronomiques de la ville au milieu de l'environnement métropolitain animé de New York. De la cuisine de rue renommée aux lieux de restauration haut de gamme, l'industrie culinaire de la ville de New York reflète le riche tissu multiculturel de la ville, où les cuisines du monde entier fusionnent pour créer une tapisserie de saveurs inégalée.

## 1. Street Food emblématique : un festin pour les sens

Les parfums des hot-dogs grésillants, la vapeur s'élevant des chariots de bretzels et le délicieux parfum de la cuisine halal remplissent les trottoirs de New York, produisant une irrésistible symphonie d'odeurs de cuisine de rue. De la délicieuse richesse d'une part de pizza à la new-yorkaise à l'attrait alléchant d'un hot-dog typique d'un vendeur ambulant, ces célèbres alternatives de cuisine de rue sont bien plus que de simples repas : ce sont de précieux emblèmes culturels qui symbolisent le rythme rapide et diversifié de la ville. personnage.

## 2. Un voyage gastronomique mondial à travers des enclaves ethniques

La ville de New York est un microcosme des cultures du monde, et son environnement gastronomique le reflète. Les visiteurs et les résidents peuvent faire un voyage gastronomique autour du monde à l'intérieur de ses quartiers. Les rues animées de Chinatown captivent par le parfum des pâtisseries fraîchement sorties du four et de la copieuse cuisine italienne, tandis que la Petite Italie séduit par l'arôme des pâtisseries fraîchement sorties du four et des plats italiens copieux. Chaque quartier devient une porte vers une partie différente du globe, des currys aromatiques de Jackson Heights aux délicieuses empanadas de Washington Heights.

## 3. Magic étoilé Michelin : le paradis des gourmets

La collection de restaurants étoilés Michelin de New York est un véritable trésor pour tous ceux qui recherchent la perfection culinaire au plus haut niveau. Des concoctions inventives de chefs de renommée mondiale au service exceptionnel et aux cartes de vins magnifiquement sélectionnées, ces lieux de restauration offrent une expérience gastronomique sans précédent. Des restaurants tels que Per Se, Le Bernardin et Eleven Madison Park ne sont que quelques exemples de ceux qui ont gagné une place dans le très convoité Guide Michelin.

## 4. Les marchés alimentaires : un paradis de saveurs

Les marchés alimentaires de New York sont plus que de simples lieux d'achat de marchandises ; ce sont des centres d'enquête gastronomiques prospères. Chelsea Market, Smorgasburg et Union Square Greenmarket ne sont que quelques endroits qui rassemblent des artisans, des chefs et des gourmets locaux. Les visiteurs peuvent déguster des fromages faits à la main, des pâtisseries fraîchement sorties du four et d'autres délices tout en conversant avec les fabricants et créateurs de produits alimentaires.

**5. Innovations culinaires à la pointe**

La culture culinaire de New York est également un terrain d'essai pour de nouvelles idées, avec des chefs qui expérimentent les goûts, les méthodes et les présentations pour produire des plats qui repoussent les frontières de la créativité culinaire. Des toasts à l'avocat servis sur du pain infusé au charbon de bois, des sushi burritos et des desserts déconstruits ne sont que quelques-uns des plats inventifs des menus de la ville. Ces créations culinaires représentent la philosophie de réinvention perpétuelle et d'ouverture à l'avant-garde de la ville de New York.

**6. Festivals culinaires : une célébration des saveurs**

Tout au long de l'année, la ville de New York célèbre un certain nombre de festivals culinaires pour souligner la passion de la ville pour la nourriture et les boissons. Le New York City Wine & Food Festival, Taste of Times Square et le New York Coffee Festival ne sont que quelques exemples d'événements qui rassemblent chefs, gourmets et aficionados pour célébrer les choix culinaires uniques de la ville. Ces événements vont des collations gourmandes aux boissons artisanales et sont un lieu de découverte et de plaisir gastronomique.

# La scène culinaire diversifiée de New York

Un délicieux monde de sensations attend ceux qui partent en excursion gastronomique à travers la scène culinaire diversifiée de New

York, au cœur de la jungle de béton. La grande diversité culturelle de la ville se reflète dans sa gastronomie, où les traditions mondiales et les nouvelles idées se heurtent pour créer une tapisserie de saveurs éclatante. De la cuisine de rue renommée aux restaurants haut de gamme, la scène culinaire de New York reflète le rôle de la ville en tant que creuset culturel et centre d'inventivité gastronomique.

**1. Intersections culturelles : l'essence de la diversité**

La scène culinaire de la ville de New York illustre la composition ethnique de la ville. Avec plus de 200 langues parlées et des communautés du monde entier, l'environnement culinaire reflète la diversité culturelle de la ville. À quelques pâtés de maisons, on peut goûter aux épices ardentes de la cuisine indienne, au confort substantiel des spaghettis italiens, aux joies savoureuses des falafels du Moyen-Orient et à la complexité délicate des sushis japonais. Ces goûts reflètent non seulement leurs diverses traditions culinaires, mais représentent également le mélange et l'adaptabilité qui se produisent dans une ville variée.

## 2. Cuisine de rue emblématique : une symphonie des sens

Se promener dans les rues de New York est une expérience atmosphérique en soi puisque l'air est chargé des arômes de la cuisine de rue légendaire. Les chariots de bretzels, les magasins de hot-dogs et les food trucks vendant de tout, des tacos à la cuisine halal, constituent une partie importante de l'identité de la ville. Un hot-dog basique rempli de choucroute et de moutarde, ou un bretzel frais sorti du chariot, capture l'esprit de la culture de la cuisine de rue, qui unifie les habitants et les touristes.

## 3. Exploration culinaire dans le quartier

Chaque quartier de New York possède ses richesses culinaires uniques qui représentent les civilisations qui ont créé son passé. Des arômes de pain fraîchement sorti du four et de sauce tomate mijotée remplissent l'air de la

Petite Italie. Des panneaux colorés et des marchés animés dans le quartier chinois vous encouragent à essayer les dim sum, le canard laqué et d'autres spécialités chinoises. Spanish Harlem propose des spécialités de Porto Rico et de la République dominicaine, tandis que Jackson Heights, dans le Queens, offre une porte d'entrée vers les cuisines indienne, népalaise et tibétaine. Explorer ces régions, c'est comme faire un tour du monde dans une seule ville.

## 4. La créativité culinaire comme fusion et innovation

La scène culinaire de New York n'est pas seulement une question d'histoire ; c'est aussi un lieu d'expérimentation. Les chefs de la ville sont réputés pour leurs expériences audacieuses, fusionnant les goûts et les techniques d'autres cultures pour créer des expériences culinaires nouvelles et intéressantes. Les restaurants fusion, où l'Asie rencontre le Latin ou la Méditerranée rencontre le Moyen-Orient, démontrent la détermination de la ville à repousser les limites culinaires et à réinventer la cuisine classique.

## 5. Élégance et excellence dans la restauration haut de gamme

Outre ses rues animées et ses différents quartiers, la ville de New York regorge d'expériences culinaires haut de gamme qui honorent l'excellence culinaire. Les restaurants étoilés Michelin mettent en valeur les capacités de chefs de renommée mondiale qui créent des menus de dégustation complexes et servent des repas qui sont plus que de simples assiettes de nourriture mais des manifestations de savoir-faire. Ces restaurants allient élégance et créativité, proposant une exploration nuancée des sensations qui renforcent l'image culinaire de la ville à l'échelle mondiale.

## 6. Extravagances culinaires lors des festivals gastronomiques

Des festivals gastronomiques sont organisés tout au long de l'année pour mettre en valeur la diversité de la cuisine new-yorkaise et offrir aux résidents et aux touristes la possibilité de goûter à une variété de cuisines. Le New York City Wine & Food Festival, les Vendy Awards et le Taste of Times Square ne sont que quelques exemples d'événements qui transforment la ville en un paradis culinaire où les gourmets peuvent déguster des plats du monde entier, rencontrer des chefs locaux et participer. dans les fêtes gastronomiques.

## Les meilleurs food trucks, marchés et restaurants traditionnels

L'environnement gastronomique de la tapisserie métropolitaine animée de New York est aussi varié que les gens qui y vivent. New York offre un délicieux assortiment d'expériences culinaires qui incarnent l'essence de la passion, de l'histoire et de l'inventivité de la ville, des plaques brûlantes des food trucks aux étals lumineux des marchés alimentaires et à l'élégance intemporelle des convives légendaires. Chaque bouchée est un voyage à travers les saveurs qui caractérisent le cœur et l'esprit de la ville, que ce soit en savourant un plat de rue préféré, en visitant un marché animé ou en entrant dans un restaurant intemporel.

## 1. Food Trucks : satisfaire les envies en déplacement

Les rues animées de New York abritent une flotte colorée de food trucks qui répondent aux modes de vie trépidants de ses habitants ainsi qu'à l'appétit des touristes. Ces cuisines mobiles proposent une excursion gastronomique sur roues, délivrant une variété de délices gourmands allant du salé au sucré.

### A. Les gars Halal sont les favoris des fans

Les Halal Guys, connus pour leurs grandes assiettes de poulet savoureux et de gyro sur du riz arrosé de leurs sauces blanches et rouges distinctives, sont l'un des food trucks les plus emblématiques de New York. Ce qui a commencé comme un simple chariot est devenu un phénomène mondial, avec des files d'attente se formant pour un échantillon de leurs délicieuses spécialités.

## B. Wafels & Dinges : délices sucrés et salés belges

Wafels & Dinges propose une délicieuse gamme de gaufres belges garnies d'une variété de garnitures gourmandes pour ceux qui ont un goût sucré. Ces gaufres, garnies de fraises et de crème fouettée, de Nutella et de bacon, illustrent l'ingéniosité qui fleurit dans le secteur des food trucks de la ville.

## 2. Marchés alimentaires : bazars culinaires savoureux

Des ruelles animées de Chinatown au sanctuaire artisanal de Chelsea Market, les marchés alimentaires de New York sont des bazars colorés où résidents et touristes se rassemblent pour découvrir un mélange varié de merveilles gastronomiques.

## A. Chelsea Market : un paradis gastronomique

Chelsea Market, situé au cœur du Meatpacking District, est le paradis des gourmets. Ses passages sinueux sont remplis de marchands vendant de tout, des huîtres fraîchement écaillées et des tacos gastronomiques aux chocolats artisanaux et aux épices étrangères. Les nombreuses offres du marché reflètent la variété gastronomique et l'esprit d'innovation de la ville.

**B. Marché de détail d'Arthur Avenue : un avant-goût de l'Italie dans le Bronx**
Le marché de détail d'Arthur Avenue, dans le Bronx, surnommé la « vraie Petite Italie », est un sanctuaire pour les amateurs de cuisine italienne. Ce marché apporte les saveurs de l'Italie au centre de la ville de New York, commémorant la tradition d'immigration profondément enracinée de la ville avec des marchands proposant des pâtes fraîches, des charcuteries, des fromages et des cannoli.

**3. Des saveurs intemporelles dans les restaurants classiques**

Les restaurants classiques fonctionnent comme des icônes nostalgiques qui inspirent un sentiment d'intemporalité dans un monde culinaire en constante évolution. Ces restaurants ont résisté à l'épreuve du temps, offrant à chaque plat une saveur d'histoire et de tradition.

### A. Katz's Delicatessen : un hommage au pastrami

Katz's Delicatessen, situé dans le Lower East Side, est une institution culinaire connue pour ses imposants sandwichs au pastrami. L'ambiance animée de l'épicerie transporte les clients dans une époque révolue, remplie de salamis suspendus et de vieilles enseignes, et son sandwich au pastrami reste un rite de passage pour tout voyageur culinaire de New York.

### B. Lombardi's Pizza : un morceau d'histoire américaine

Lombardi's Pizza, fondée en 1905, est largement considérée comme la première pizza aux États-Unis. Son four en brique cuit des tartes à la napolitaine avec une croûte fine et croustillante et du fromage mozzarella crémeux. Un voyage chez Lombardi est plus qu'un simple déjeuner ; c'est un voyage aux racines de la culture américaine de la pizza.

## C. Russ & Daughters célèbre un siècle d'excellence culinaire

Russ & Daughters est un fournisseur fiable de poisson fumé, de bagels et de caviar pour tous ceux qui souhaitent goûter à l'histoire juive de New York depuis 1914. Son héritage centenaire reflète les origines immigrées de la ville et l'acceptation des traditions culinaires du monde entier.

# Chapitre 7:
# Shopping et mode

La culture du commerce de détail et de la mode de New York offre une combinaison inégalée de luxe, d'inventivité et de variété dans une ville qui ne dort jamais. La scène commerciale de la ville reflète son caractère dynamique et sa réputation de puissance mondiale de la mode, des boutiques phares renommées aux joyaux cachés dans les quartiers à la mode. le commerce de détail à New York est un voyage à travers le style, l'invention et l'expression de soi, que vous vous promeniez dans des avenues commerciales historiques, que vous parcouriez des magasins de créateurs ou que vous découvriez des trésors antiques.

**1. La Cinquième Avenue est le summum du luxe.**

La Cinquième Avenue est une destination commerciale synonyme de luxe et de magnificence. Cette rue emblématique abrite certaines des boutiques de créateurs et des magasins phares les plus connus au monde, ce qui en fait une destination incontournable à la fois pour les fans de mode et les lèche-vitrines.

**A. Saks Fifth Avenue : une icône de la mode**
Saks Fifth Avenue est associé au shopping de luxe, avec son extérieur imposant et ses produits haut de gamme. Ses superbes décorations de fenêtres de Noël sont devenues une tradition annuelle qui attire des gens du monde entier, reflétant l'atmosphère festive de la ville de New York.

**B. Tiffany & Co. : une icône de l'élégance**
La boutique phare de Tiffany & Co. sur la Cinquième Avenue est une institution culturelle, immortalisée par Audrey Hepburn dans « Breakfast at Tiffany's ». Les boîtes bleues et les designs intemporels emblématiques de l'entreprise incarnent le rôle de New York en tant que centre mondial de la mode.

## 2. SoHo : une Mecque créative

SoHo, un quartier créatif du centre-ville de Manhattan, est reconnu pour son éclat artistique, ses allées pavées et sa culture de la mode avant-gardiste. Ce quartier branché est parsemé de magasins proposant des designs avant-gardistes et des marques indépendantes.

### A. Cérémonie d'ouverture : une fusion mode et art

Avec sa gamme soigneusement sélectionnée de vêtements, d'accessoires et d'articles de style de vie, Opening Ceremony incarne l'essence de SoHo. Les collaborations avec des artistes et des designers du monde entier en font un incontournable pour tous ceux qui recherchent une mode unique et repoussant les limites.

### B. Réforme : un style à long terme

Reformation, pionnier de la mode durable, propose des créations à la mode mais respectueuses de l'environnement. Leur emplacement à SoHo mélange des articles de mode tout en mettant l'accent sur la réduction des effets environnementaux de l'industrie.

## 3. Naviguer dans la nostalgie avec des trésors vintage

La ville de New York est une mine de trésors de boutiques vintage et de friperies pour les particuliers à la recherche d'objets uniques avec un contexte historique.

### A. Beacon's Closet : une friperie

Beacon's Closet, qui compte de nombreux magasins dans toute la ville, est une destination de vêtements vintage et d'occasion. Son mélange de vêtements, de chaussures et d'accessoires triés sur le volet vous permet de trouver des trésors cachés des décennies précédentes.

### B. Luxe vintage : ce qui circule revient

What Goes Around Comes Around est une sélection triée sur le volet d'articles de créateurs qui reflètent la beauté des périodes révolues pour les personnes à la recherche de luxe antique. Des sacs à main Chanel antiques aux jeans Levi's classiques, cette entreprise est une capsule temporelle de l'histoire de la mode.

## 4. La Fashion Week à la lumière du monde

Les événements biennaux de la Fashion Week à New York incarnent l'impact de la ville sur l'industrie de la mode. Ces extravagances rassemblent des designers, des mannequins et des fans de mode internationaux pour exposer les dernières tendances et avancées.

### A. Fashion Week de New York : une exposition créative

La ville se transforme en une multitude de défilés, de conférences et d'événements industriels lors de la Fashion Week de New York. C'est une scène où des créateurs connus et émergents présentent leurs collections, donnant le ton aux tendances de la mode mondiale.

## 5. Concept Stores : l'avenir du commerce de détail

En mélangeant mode, art, design et lifestyle en un seul lieu, les concept stores révolutionnent l'expérience de vente au détail.

### A. Dover Street Market : un paradis pour le commerce de détail

Dover Street Market est plus qu'un simple magasin, avec son design avant-gardiste et son agencement en constante évolution ; c'est une expérience immersive qui brouille les frontières entre l'art et la mode. La boutique propose une collection soigneusement sélectionnée de créateurs d'avant-garde ainsi que des collaborations en édition limitée.

### B. The Webster : une retraite luxueuse

Le Webster, une boutique à plusieurs niveaux, propose un assortiment soigneusement choisi de vêtements, d'accessoires et d'articles de style de vie haut de gamme. Son espace superbement construit est un havre somptueux où les clients peuvent se plonger dans le monde de la mode haut de gamme.

# Boutiques à la mode et magasins phares

Les boutiques élégantes et les magasins phares de New York constituent des expositions dynamiques de style, d'invention et d'originalité dans la capitale mondiale de la mode. Des rues animées de Manhattan aux quartiers à la mode de Brooklyn, ces paradis du shopping offrent une expérience immersive qui reflète le statut de la ville en tant que destination mode mondiale. Les visiteurs et les résidents peuvent faire un voyage vestimentaire à travers des collections sélectionnées, des designs avant-gardistes et des identités de marques renommées, qu'ils recherchent les tendances actuelles ou l'élégance classique.

**1. Le Fashion District de Manhattan : un terrain de jeu à la mode**

Le Fashion District de Manhattan, une enclave créative animée, abrite une pléthore de boutiques élégantes et de magasins phares destinés aux clients avant-gardistes à la recherche des dernières modes et créations.

## A. Dover Street Market : expressions de l'avant-garde

Dover Street Market redéfinit la notion de boutique avec sa structure créative et ses présentoirs mobiles. Il présente une gamme diversifiée de designers d'avant-garde, de collaborations et d'œuvres en édition limitée qui franchissent les frontières entre l'art et la mode. La boutique elle-même se transforme en une exposition d'art en constante évolution qui captive et étonne les visiteurs.

## B. Cérémonie d'ouverture : une célébration de la diversité

Opening Ceremony est une boutique contemporaine qui promeut la diversité et l'innovation. L'entreprise, fondée par deux amis souhaitant combler le fossé culturel, propose un mélange éclectique de vêtements, d'accessoires et d'articles de style de vie du monde entier. Opening Ceremony est un haut lieu de découvertes de mode inattendues, grâce à son aptitude à révéler de jeunes créateurs.

## 2. SoHo est la Mecque du design de pointe

SoHo, un quartier lié à l'expression créative, est un essaim de magasins à la mode affichant des designs avant-gardistes, des tendances modernes et les dernières tendances de la mode.

### A. Le chic durable se transforme
Reformation est une entreprise de mode et de développement durable. Son emplacement à SoHo propose une sélection triée sur le volet de vêtements respectueux de l'environnement, fabriqués à partir de matériaux et de techniques respectueux de l'environnement. Le design ouvert et épuré du magasin correspond à son engagement en faveur d'un consumérisme responsable.

### B. VFiles : une plateforme de développement des talents
VFiles, un concept store de vente au détail de SoHo, fait office de plate-forme pour les

créateurs émergents, présentant un assortiment sélectionné d'articles avant-gardistes et inspirés du streetwear. La participation communautaire, la conservation en ligne et un espace défilé où les amateurs de mode peuvent découvrir la convergence du style et de l'art font tous partie de l'approche distinctive du magasin.

## 3. L'individualité de Brooklyn : branchée et éclectique

Les nombreux quartiers de Brooklyn et les différentes influences culturelles ont donné naissance à des boutiques à la mode qui incarnent l'esprit distinct et éclectique de l'arrondissement.

### A. Élégance organisée : oiseau
Bird est un magasin de Brooklyn spécialisé dans les vêtements, accessoires et bijoux haut de gamme. La boutique présente une gamme diversifiée de créateurs, allant de noms renommés à de nouveaux talents, offrant une combinaison d'élégance classique et de style moderne en lien avec l'esprit créatif du quartier.

**B. Parures délicates pour Catbird**

Catbird est une bijouterie qui incarne l'esprit décalé et délicat de Brooklyn. L'entreprise est devenue un favori parmi ceux qui recherchent des ornements distinctifs qui capturent l'esprit du style personnel, grâce à ses designs minuscules et éthérés.

## 4. Magasins phares emblématiques : la Mecque de l'identité de marque

Les célèbres boutiques phares de la ville de New York sont bien plus que de simples lieux de vente au détail ; ce sont des expériences de marque immersives qui capturent l'esprit de l'identité, de l'histoire et de l'innovation d'une entreprise.

**A. Apple Fifth Avenue : l'élégance technologique**

La boutique Apple Fifth Avenue est une œuvre architecturale qui allie technologie de pointe et design moderne. L'entrée en cube de verre et la salle souterraine en dessous créent un environnement futuriste qui reflète l'engagement de la marque en faveur de l'innovation et de l'expérience utilisateur.

### B. Nike Innovation House : Athlétique Chic

La Fifth Avenue House of Innovation de Nike célèbre le sportswear et l'élégance. Le concept de la boutique, qui comprend des zones interactives et des choix de personnalisation, représente l'engagement de la marque à repousser les limites et à motiver les sportifs et les aficionados de la mode.

## Boutiques vintage et créateurs indépendants

Les boutiques d'antiquités et les créateurs locaux de New York offrent une combinaison convaincante de nostalgie et de créativité au milieu de la capitale mondiale de la mode. Ces lieux de mode mettent en valeur le caractère unique, le savoir-faire et la tapisserie complexe de styles qui constituent la scène vestimentaire distinctive de la ville, des bijoux secrets enfouis dans les vieux quartiers aux ateliers de stars en herbe. Explorer les magasins d'antiquités et trouver des créateurs locaux à New York est un voyage à travers le temps, la créativité et l'expression de soi, que vous recherchiez un morceau d'histoire ou que vous souteniez la prochaine génération de visionnaires de la mode.

## 1. Les magasins vintage révèlent les capsules temporelles de la mode

Les magasins vintage de New York sont bien plus que de simples lieux de shopping ; ce sont des portes vers des périodes révolues, chaque vêtement contenant des murmures du passé et des souvenirs d'individus qui les portaient autrefois. Ces magasins proposent une sélection de joyaux qui représentent la progression de la mode et donnent un sentiment de nostalgie intemporel.

### A. Beacon's Closet : une friperie

Beacon's Closet, qui compte de nombreux points de vente à travers la ville, est un trésor de vêtements vintage et d'occasion. Les étagères du magasin regorgent d'un mélange éclectique de vêtements, de chaussures et d'accessoires datant de plusieurs décennies, permettant aux clients de découvrir des objets uniques qui complètent leur style particulier.

### B. L Train Vintage : le paradis des hipsters

L Train Vintage incarne l'atmosphère de l'environnement créatif de Brooklyn avec son design d'inspiration vintage et son assortiment choisi. La boutique respecte l'image de la contre-culture du passé tout en faisant appel aux goûts actuels avec un assortiment de jeans, de chemises graphiques et d'accessoires.

## 2. Créativité et identité des designers locaux

Les créateurs locaux de New York sont l'épine dorsale de l'identité mode de la ville, lui insufflant de nouveaux points de vue, des méthodes inventives et une célébration de l'unicité. Ces créateurs transforment le tissu en art portable, incorporant leurs inspirations et leurs histoires dans chaque point.

### A. Sandy Liang : une mode avec une touche d'originalité

Sandy Liang, originaire de New York, a créé des designs qui résument l'esprit de l'ambiance du centre-ville de la ville. Ses créations, mêlant streetwear et thèmes avant-gardistes, ont été portées aussi bien par des célébrités que par des aficionados de la mode. L'art de Liang illustre l'esprit de créativité de la ville et sa capacité à repousser les limites.

**B. Le cabas emblématique Telfar**
Telfar Clemens, le designer Telfar, a réinventé la notion de luxe et d'inclusion. Le « Bushwick Birkin », son cabas unisexe, est devenu un symbole d'accessibilité et d'élégance. Les œuvres de Telfar défient les conventions et symbolisent le dévouement de la ville à la diversité et à l'expression de soi.

**3. Découvrir l'art local à travers les joyaux du quartier**

Les créateurs locaux ajoutent au tissu communautaire et à la scène générale de la mode dans les quartiers de New York. Ces créateurs s'inspirent souvent de la vaste tapisserie culturelle de la ville et produisent des collections qui représentent une fusion dynamique de cultures.

## A. La diversité est célébrée dans le Fashion Row de Harlem

Harlem's Fashion Row est un forum qui rend hommage aux créateurs afro-américains et à leurs réalisations dans l'industrie de la mode. Il met en valeur les créateurs locaux qui s'inspirent de l'histoire, de la culture et des récits communautaires de Harlem à travers des événements, des présentations et des collaborations.

## B. Jackson Heights : influences internationales

Jackson Heights est un creuset culturel et les designers locaux s'inspirent des différentes personnes qui y habitent. Ces designers mélangent leurs produits avec des couleurs, des motifs et des textures qui représentent les influences mondiales du quartier.

## 4. Pop-Up Stores et marchés : communautés créatives

Les magasins éphémères et les marchés offrent aux créateurs locaux des lieux où ils peuvent présenter leur travail à un public plus large. Ces boutiques éphémères favorisent l'expression créative tout en mettant en relation les artistes en herbe et les fans de mode.

## A. Un bazar créatif pour artistes et puces

Artists & Fleas est un bazar situé à Williamsburg et Chelsea Market qui rassemble des designers, artistes et artisans locaux. Le marché incarne l'essence de l'énergie créatrice de la ville de New York, des vêtements et accessoires aux découvertes d'art et d'antiquités.

## B. Excellence artisanale à la foire artisanale Renegade

La Renegade Craft Fair est une célébration annuelle des objets artisanaux et artisanaux. Il offre aux créateurs locaux un forum pour promouvoir leur travail et entrer en contact avec des clients qui apprécient le caractère unique des vêtements faits à la main.

# Chapitre 8 :

# Explorer Central Park

Niché parmi les immeubles imposants et les rues animées de la ville de New York, Central Park est un sanctuaire emblématique, un vaste refuge vert qui offre repos et plaisir à des millions de touristes et de résidents. Ce parc urbain de 843 acres est un hommage à la créativité humaine, offrant une expérience complexe qui intègre la nature, la culture et l'histoire. Explorer Central Park est une visite qui révèle non seulement sa beauté physique, mais aussi la riche histoire et les liens qui le lient au cœur même de la ville.

**Un sanctuaire naturel au cœur de la ville :**
Central Park, situé au centre de la jungle de béton, constitue un refuge naturel où les touristes peuvent échapper au rythme effréné de la vie quotidienne. La conception du parc,

réalisée par Frederick Law Olmsted et Calvert Vaux, s'efforce d'imiter la beauté de la nature tout en offrant simultanément des opportunités de détente et d'enrichissement culturel. Le bruit des klaxons retentissants et des rues animées s'estompe lorsque l'on pénètre dans son magnifique environnement, remplacé par le bruissement des feuilles, le chant des oiseaux et les bruits calmes de l'eau courante.

**Un voyage dans le temps :**
Central Park est bien plus qu'un simple ensemble d'arbres et de prairies ; c'est un musée d'histoire vivant. Depuis sa création au milieu du XIXe siècle jusqu'à nos jours, le parc a été le théâtre d'innombrables événements, à la fois majeurs et banals, qui ont façonné l'histoire de la ville de New York. Le Central Park Conservancy a travaillé sans relâche pour préserver ce patrimoine, permettant aux visiteurs de se plonger dans les contes du parc via des visites guidées, des expositions et des expériences interactives.

**Kaléidoscope des cultures :**

Au-delà de sa beauté naturelle, Central Park regorge d'activités culturelles. Le parc abrite une variété de sculptures, de monuments et de merveilles architecturales qui honorent des personnages historiques, des réalisations créatives et des mouvements sociaux. La célèbre terrasse et fontaine Bethesda, par exemple, sert de décor à des événements musicaux et à des rassemblements sociaux, tandis que le jardin Shakespeare, avec sa sélection soignée de flore référencée dans les œuvres de Shakespeare, reflète l'esprit de l'auteur anglais.

**Loisirs et divertissements :**
Central Park propose une multitude d'activités adaptées à un large éventail d'intérêts. Qu'il s'agisse d'aviron sur le lac Central Park, de pique-niquer sur la Grande Pelouse, de faire du vélo le long de routes pittoresques ou de jouer au baseball, le parc invite les personnes de tous âges à participer à des activités de plein air. Le zoo de Central Park, situé dans le coin sud-est, constitue un régal pour les familles, permettant aux jeunes d'interagir avec la nature au cœur de la ville.

**Splendeur de la saison :**
L'attrait du parc change au fil des saisons. Les fleurs éclatantes du Jardin Conservatoire, ainsi que l'arôme des fleurs de cerisier, créent une ambiance éthérée au printemps. L'été attire les pique-niqueurs, les baigneurs et les amateurs de plein air, tandis que l'automne transforme le terrain en une explosion de rouges, d'oranges et de jaunes, offrant aux photographes et aux amoureux de la nature des vues spectaculaires. La patinoire Wollman se transforme en paradis du patinage en hiver et le Central Park Conservancy organise des activités saisonnières.

**Un terrain d'entente :**
Central Park est la preuve que les lieux publics communs peuvent transcender les divisions sociales, économiques et culturelles. Central Park accueille des personnes de tous horizons pour profiter de ses commodités. Il a accueilli des manifestations politiques, des festivités culturelles et des activités récréatives ordinaires, offrant un lieu de rassemblement permettant à des personnes d'horizons

différents de découvrir un terrain d'entente et de créer des souvenirs mémorables.

## Activités, événements et trésors cachés du parc

Central Park, situé au centre de la ville de New York, est une oasis de paix et de détente, proposant une variété d'activités, organisant des événements captivants et dissimulant des joyaux cachés qui attirent à la fois les résidents et les visiteurs. Ce parc métropolitain emblématique, qui s'étend sur 843 acres, est plus qu'un simple coin de verdure ; c'est un environnement dynamique qui fleurit avec des manifestations culturelles, récréatives et créatives. Un monde d'émerveillement et de découverte se développe à mesure que l'on explore les activités, les événements et les joyaux cachés de Central Park.

**Des activités pour tous les intérêts :**
Central Park répond à un large éventail d'intérêts, garantissant que chaque visiteur

trouve son endroit préféré. Les amoureux de la nature pourront se promener ou faire du jogging énergisant sur les sentiers sinueux du parc. Les cyclistes peuvent profiter du vent dans leurs cheveux lorsqu'ils parcourent des paysages pittoresques sur des pistes cyclables désignées. L'aviron et le pédalo sont disponibles sur le lac Central Park, vous permettant de vous promener agréablement sur ses eaux calmes tout en admirant les toits de la ville.

**Activités sportives et récréatives :**
Central Park offre une multitude de possibilités de loisirs pour les personnes à la recherche d'activités actives. Le parc crée un esprit de camaraderie et de rivalité, depuis les activités de baseball, de football et de frisbee sur la Grande Pelouse jusqu'aux batailles d'échecs exigeantes à l'intérieur de la Chess & Checkers House. Des ligues sportives saisonnières ont lieu sur North Meadow, permettant aux athlètes de tous niveaux de participer à des activités organisées.

**Merveilles cachées et expressions artistiques :**

Une pléthore de joyaux cachés et de trésors créatifs attendent d'être découverts dans la splendeur naturelle du parc. Le Central Park Conservatory Garden est un paradis finement entretenu divisé en trois styles différents : italien, français et anglais, chacun avec sa propre ambiance et expérience visuelle. Le centre de découverte Charles A. Dana, situé près du Harlem Meer, propose des événements éducatifs et des expositions qui présentent aux visiteurs les écosystèmes et l'histoire du parc.

**Plaisirs musicaux et théâtraux :**

Les tons harmonieux de la musique et le charme du théâtre remplissent Central Park. Le théâtre Delacorte, situé à l'intérieur du parc, organise chaque année l'événement « Shakespeare in the Park », qui propose des représentations gratuites des célèbres pièces de William Shakespeare. SummerStage propose un large programme de spectacles de musique, de danse et de théâtre qui mettent en valeur les talents mondiaux et locaux. Ces activités transforment le parc en un théâtre en plein air, captivant et divertissant les gens sous les étoiles.

**Festivals et célébrations saisonniers :**
Central Park s'anime avec un programme chargé d'événements et de festivités répondant à un large éventail de préférences. Le Central Park Film Festival propose aux cinéphiles des projections gratuites en plein air dans le contexte de la métropole. Le Central Park Conservancy organise des événements tels que le déjeuner du chapeau de Central Park et le défilé d'Halloween et la flottille de citrouilles pour insuffler un sentiment de communauté et de fête dans le parc.

**Explorer le cœur de Central Park :**
Il y a des trésors cachés dans les magnifiques paysages du parc qui véhiculent des histoires d'histoire et de créativité. Le zoo de Central Park, malgré sa petite taille, offre une rencontre intime avec des créatures du monde entier. Le Bow Bridge, un impressionnant pont en fonte qui enjambe le lac Central Park, offre des panoramas époustouflants qui ont captivé les photographes et les cinéastes.

**Connexions naturelles :**
Central Park est une oasis urbaine qui favorise un lien important avec la nature. The Ramble, une zone forestière profonde, offre un répit paisible où les ornithologues amateurs peuvent observer plus de 230 espèces d'oiseaux différentes. Le sanctuaire naturel Hallett, situé près de l'étang, offre un havre de paix pour la flore et la faune, permettant aux visiteurs de découvrir le côté le plus sauvage du parc.

**Un lieu de rencontre pour tous :**
Central Park s'étend au-delà de ses limites physiques, agissant comme un lieu de rassemblement pour des personnes de toutes ethnies et cultures. Le parc encourage un sentiment de convivialité et d'expérience partagée, depuis des événements à grande échelle comme le Global Citizen Festival, qui milite en faveur du changement social, jusqu'aux réunions spontanées entre amis et en famille.

Essentiellement, Central Park est plus qu'un simple espace vert ; c'est une toile vivante qui offre une variété d'activités, d'événements captivants et de joyaux cachés qui ne demandent qu'à être découverts. C'est un lieu où le rythme de la ville se heurte au rythme de la nature, où les expressions culturelles se heurtent aux activités de loisirs. Central Park encourage ceux qui franchissent ses portes à explorer, découvrir et s'immerger dans ses richesses illimitées, créant ainsi des expériences qui dureront toute une vie.

# Chapitre 9 :

# Vie nocturne et divertissement

Vie nocturne et divertissement New York, une ville palpitante qui ne dort jamais, est reconnue comme la capitale mondiale de la vie nocturne et du divertissement. La culture nocturne de la ville offre un kaléidoscope d'expériences qui plaisent à tous les goûts et désirs, des néons de Broadway aux clubs de jazz secrets de Greenwich Village. Au coucher du soleil, un nouveau monde émerge dans la ville qui ne dort jamais, un monde où vie nocturne et divertissement se rencontrent pour former une tapisserie exaltante de culture, de musique et de rencontres uniques.

**Épicentre théâtral : Broadway**

Lorsqu'on parle de divertissement à New York, Broadway occupe souvent le devant de la scène. Le quartier des théâtres de renommée mondiale est une galaxie de chapiteaux étincelants et de publics animés où la magie théâtrale se joue nuit après nuit. Des spectacles emblématiques, tels que « Le Fantôme de l'Opéra », « Hamilton » et « Wicked », entraînent les spectateurs dans des mondes fascinants de drame, d'humour et de chanson. Les théâtres de Broadway comme l'ancien Lyceum et la majestueuse Gershwin House servent de décor à des contes qui touchent le cœur et excitent l'esprit, ce qui en fait une partie intégrante de la vie nocturne de la ville.

**Au-delà de Broadway :**
Tandis que Broadway brille de mille feux, Off-Broadway offre une expérience plus personnelle. Ces petits théâtres encouragent le théâtre expérimental, repoussent les limites et nourrissent de nouveaux talents. Les pièces off-Broadway abordent souvent des questions qui suscitent la réflexion, offrant ainsi aux spectateurs une expérience plus immersive et

plus engageante. Off-Broadway offre richesse et variété à l'environnement théâtral de la ville, avec de tout, des comédies excentriques aux tragédies d'avant-garde.

**Jazz, rock et autres genres musicaux :**
La vie nocturne de New York ne se limite pas au théâtre ; il possède également une scène musicale florissante qui couvre les genres et les décennies. La tradition du jazz de la ville est évidente dans des lieux comme le Blue Note et le Birdland, où les artistes rendent hommage à l'énergie d'improvisation du genre. Des salles de rock emblématiques comme le Bowery Ballroom et le Webster Hall ont vu le développement de groupes renommés, assurant ainsi la pérennité de l'histoire musicale de la ville.

**Discothèques et dancings : Dansez jusqu'à l'aube :**
À mesure que la nuit avance, les sons palpitants de la ville attirent les danseurs vers ses nombreuses discothèques et salles de danse. Des rythmes électroniques d'Output aux grooves d'inspiration latine de SOB (Sounds of

Brazil), ces lieux se transforment en univers sonores immersifs où les noctambules peuvent s'immerger dans la musique. La culture LGBTQ+ de la ville est commémorée dans des lieux remarquables tels que le Stonewall Inn, un monument historique qui a joué un rôle essentiel dans les droits LGBTQ+.

**Speakeasys et joyaux cachés :**
Au-delà des lumières éclatantes des principales artères, la vie nocturne de New York offre des trésors cachés et des bars clandestins secrets qui promettent des rencontres uniques et personnelles. Ces commerces, cachés derrière des vitrines ordinaires, rappellent l'époque de la Prohibition et ramènent les clients à une époque où les réunions clandestines étaient la norme. Des boissons préparées avec élégance et un sentiment d'exclusivité caractérisent les bars clandestins comme PDT (please don't tell) et Attaboy, où trouver l'entrée fait souvent partie de l'expérience.

**Festivals et enclaves culturelles :**
La vie nocturne à New York ne se limite pas à certains domaines ou genres ; c'est un creuset

dynamique de cultures et de groupes. Harlem célèbre son passé culturel avec des clubs de jazz et des concerts de gospel, tandis que Flushing, dans le Queens, offre un avant-goût de la vie nocturne internationale avec son large choix de restaurants, de bars karaoké et de marchés nocturnes. Le Carnaval de la Journée antillaise américaine, qui transforme les rues en une célébration spectaculaire de la culture caribéenne, est l'une des nombreuses festivités de la ville.

**Soirées Skyline et retraites sur les toits :**
À mesure que l'horizon de la ville s'illumine, ses toits se transforment en destinations nocturnes passionnantes. Les pubs et salons sur le toit offrent une vue panoramique sur la métropole, permettant aux clients de siroter un verre tout en admirant des sites tels que l'Empire State Building et Central Park. Ces sanctuaires surélevés créent une ambiance sophistiquée et relaxante, ce qui en fait une alternative populaire pour se mêler et se détendre.

**Réunions de célébrités et événements sur le tapis rouge :**

Dans une ville regorgeant de célébrités et d'influenceurs, la vie nocturne se croise souvent avec des événements prestigieux. Les avant-premières de films, les événements de mode et les soirées VIP créent une atmosphère magnifique, permettant aux clients de découvrir le côté luxueux et élitiste de la ville. La salle Boom Boom de l'hôtel Standard, par exemple, est réputée pour organiser des événements de grande envergure, qui animent la vie nocturne de New York.

**Accepter la nuit :**
La vie nocturne et les divertissements de New York sont bien plus qu'un loisir ; c'est un phénomène culturel qui incarne la variété, l'innovation et l'énergie illimitée de la ville. La vie nocturne crée une histoire de découverte, de célébration et de connexion, de la grandeur de Broadway aux trésors cachés qui parsèment les coins de la ville. Alors que les lumières illuminent les rues et les lieux de la ville, la nuit se transforme en une toile d'aventure, un lieu où les rêves deviennent réalité et où le cœur de la ville bat au rythme de la nuit.

## Clubs, bars et salles de concert

New York, terrain de jeu métropolitain dynamique et varié, est réputée pour sa vie nocturne florissante, adaptée à tous les goûts et à tous les rythmes. La vie nocturne de la ville fait partie intégrante de son tissu culturel, allant des pubs sophistiqués servant des cocktails artisanaux aux clubs frénétiques aux sons tonitruants et aux petites salles de concert résonnant de mélodies lyriques. Alors que le soleil se couche et que les lumières de la ville s'allument, un monde d'indulgence, de célébration et d'expression créative prend vie, encourageant les résidents et les touristes à profiter du dynamisme et de la variété de ses pubs, clubs et salles de concert.

**Barres d'élixir artisanales et sanctuaires sociaux :**

Les bars de New York sont aussi variés que les zones qu'ils desservent. Chaque restaurant a sa propre identité, offrant une variété d'expériences aux connaisseurs, aux explorateurs et à ceux qui recherchent une atmosphère détendue. Les établissements de cocktails artisanaux, tels que The Dead Rabbit dans le quartier financier, rendent hommage à l'art de la mixologie en proposant des créations uniques qui allient tradition et innovation. Avec leurs entrées dissimulées et leur décoration vintage, les bars clandestins comme Please Don't Tell (PDT) dans l'East Village transportent les clients dans une autre époque.

Les bars sur les toits, comme le 230 Fifth à Midtown, rehaussent l'expérience en offrant une vue imprenable sur les toits de la ville pendant que les clients se détendent avec une boisson à la main. Le Rudy's Bar & Grill de Hell's Kitchen offre par exemple un cadre sans prétention où la convivialité coule à flots aussi librement que les cocktails. Ces pubs sont plus que de simples endroits pour boire ; ce sont des refuges sociaux qui créent des relations, des discussions et des événements mémorables.

**Battements palpitants et euphorie sur la piste de danse : clubs**

En matière de discothèques, New York est un leader mondial. Sa vie nocturne comprend une variété de points chauds de musique de danse électronique (EDM), de refuges souterrains et de salles à haute énergie qui font danser les fêtards jusqu'à l'aube. Output et Marquee présentent des DJ célèbres qui créent des paysages sonores spectaculaires, tandis que Webster Hall, après sa récente rénovation, continue de proposer une gamme diversifiée d'événements musicaux.

Des clubs comme Cielo dans le Meatpacking District offrent un contact plus intime avec les musiciens et une connexion plus personnelle avec la musique pour ceux qui recherchent une expérience plus intime. Les clubs LGBTQ+, tels que The Monster à Greenwich Village, offrent des lieux d'expression de soi et d'inclusion, créant un sentiment de communauté libérateur et joyeux.

**Salles de concert : Zones d'expression harmonieuse :**

Les salles de concert de New York sont représentatives de la diversité culturelle de la ville. Ces lieux varient des entreprises historiques comme l'Apollo Theatre de Harlem, où de grands artistes se sont produits, aux petits bars de jazz comme The Village Vanguard, où l'environnement intime permet aux auditeurs d'être enveloppés par les subtilités de la musique.

Les fans de musique à la recherche d'une variété de genres n'ont que l'embarras du choix. La Bowery Ballroom, dans le Lower East Side, accueille de petits spectacles de rock indépendant, tandis que le Dizzy's Club, près de Columbus Circle, permet aux fans de jazz de découvrir l'essence de l'improvisation du genre. Malgré sa fermeture, le B.B. King Blues Club & Grill reste un témoignage de la tradition de la ville d'accueillir de célèbres chanteurs de blues.

**Exploration musicale et fusion culturelle :**

Le tissu culturel de la ville de New York se reflète dans ses pubs, ses clubs et ses salles de concert. Les salles du quartier de Williamsburg à Brooklyn contribuent à la scène musicale indépendante de la ville en présentant des groupes et des artistes émergents. Le Shrine de Harlem allie musique et art, présentant une grande variété de genres et d'artistes du monde entier.

Les événements musicaux, tels que le Governors Ball à Randall's Island, transforment la ville en une immense scène, attirant les fans de musique du monde entier. Des célébrations telles que le Carnaval de la Journée des Antilles américaines et le Brooklyn ! Le Prospect Park Festival combine musique et culture pour créer des expériences immersives qui parlent de l'essence de la ville.

**La nuit appartient à New York :**

En tant que ville qui ne dort jamais, les pubs, les clubs et les salles de concert de New York capturent l'âme de la ville. Ces espaces sont bien plus que de simples lieux de divertissement ; ce sont des toiles d'expression créative, des lieux de rencontre et des catalyseurs d'échanges culturels. Ils incarnent l'esprit d'inventivité, de diversité et de créativité infinie de la ville.

La vie nocturne de New York vous invite à explorer, profiter et ressentir le pouls de la ville une fois la nuit tombée, des recoins sombres illuminés des bars de quartier aux lumières éblouissantes des pistes de danse, des tons feutrés des clubs de jazz aux crescendos fulgurants du live. scènes musicales. La nuit appartient à New York dans cette symphonie métropolitaine de son et de lumière, et ses bars, clubs et salles de concert sont autant de monuments à la vitalité émouvante qui caractérise ses soirées.

## Emplacements d'observation des paysages urbains la nuit

Alors que le soleil se couche et que les étoiles apparaissent, la ville de New York, surnommée la « ville qui ne dort jamais », se transforme en une superbe tapisserie d'ombres et de lumières. L'horizon distinctif de la ville est un spectacle à voir, avec ses bâtiments imposants et ses monuments éclairés. Un voyage vers les célèbres sites d'observation de la ville est nécessaire pour vraiment apprécier la majesté du paysage urbain nocturne de New York. Ces points d'observation, qui vont des hautes terrasses d'observation aux jolis parcs au bord de la rivière, offrent des panoramas panoramiques qui capturent l'esprit de l'attraction nocturne de la ville.

**Une icône intemporelle :** L'Empire State Building
L'Empire State Building, qui se dresse au centre de Manhattan, est depuis longtemps un symbole de la grandeur de la ville. Ses plates-formes d'observation aux 86e et 102e niveaux offrent des vues inégalées sur les cinq arrondissements. Les visiteurs peuvent contempler les sites touristiques de la ville, tels que Times Square, Central Park et le pont de Brooklyn, tandis que les lumières de la ville brillent en contrebas. L'Empire State Building lui-même devient une partie du spectacle, avec un jeu de lumières lumineux peignant le ciel nocturne.

**Top of the Rock du Rockefeller Center : élégance urbaine :**

La plateforme d'observation du Rockefeller Center, Top of the Rock, offre une vue unique sur l'horizon de la ville. Cette plateforme d'observation, située au sommet du célèbre gratte-ciel « 30 Rock », offre une vue imprenable sur Central Park au nord et sur le gratte-ciel Empire State au sud. L'expérience est époustouflante au coucher du soleil et au crépuscule, lorsque les lumières de la ville s'animent sur fond de fleuve Hudson.

**Observatoire One World : Un témoignage de résilience :**

L'Observatoire One World, situé à l'intérieur du complexe du World Trade Center, offre non seulement des vues à couper le souffle, mais aussi une histoire fascinante. L'observatoire offre des vues sur Manhattan, Brooklyn et le fleuve Hudson, démontrant la puissance et la solidarité de la ville. Le monument Tribute in Light, visible depuis l'horizon, rend hommage aux événements du 11 septembre 2001, rappelant à chacun la persévérance et le dynamisme de la ville.

**La promenade de Brooklyn Heights : un trésor au bord de la rivière :**
La Brooklyn Heights Promenade, qui traverse l'East River jusqu'à Brooklyn, est une belle escapade avec des vues dignes d'une carte postale sur les toits de Manhattan. Ce point de vue tranquille offre une toile panoramique sur laquelle les lumières de la ville dansent à la surface de l'eau. Cette promenade incarne l'équilibre entre l'urbain et la nature, avec le pont de Brooklyn en face et les gratte-ciel de la ville en arrière-plan.

Gantry Plaza State Park est un joyau caché dans le Queens.
Le Gantry Plaza State Park, situé dans la métropole de Long Island, offre une perspective moins fréquentée mais tout aussi magnifique de la métropole. Le parc, qui fait face à l'East River, a rénové les portiques qui, à l'origine, chargeaient et déchargeaient les marchandises des navires. Ils servent désormais de vestiges esthétiques qui encadrent la métropole, offrant

un contraste passionnant entre le passé et le présent. L'horizon de Midtown se transforme en une magnifique beauté au coucher du soleil.

**Sous les étoiles à Brooklyn Bridge Park :**
Le Brooklyn Bridge Park est un endroit exquis pour une vue qui vous amène sous la grandeur du pont de Brooklyn. Les visiteurs ont droit à une vue sur Lower Manhattan et la Statue de la Liberté alors que les câbles de suspension semblent se fondre dans le ciel nocturne. Le Pier 1 du parc est très populaire, avec une ambiance tranquille idéale pour contempler silencieusement la splendeur nocturne de la ville.

**Restaurants et bars sur les toits : un plaisir élevé :**
Outre les ponts d'observation et les parcs typiques, les bars et restaurants sur les toits de New York offrent un sentiment de proximité inégalé avec l'horizon de la ville. De l'élégance raffinée du Press Lounge de Hell's Kitchen à l'énergie vive du 230 Fifth Rooftop Bar, ces lieux offrent une combinaison unique de vues panoramiques et d'expériences somptueuses.

Siroter un verre tout en étant entouré des lumières scintillantes de la ville crée une atmosphère séduisante et élégante.

**Capturer l'âme de New York la nuit tombée :**

Chacun de ces lieux d'observation nocturne du paysage urbain offre un point de vue unique sur la métamorphose captivante de la ville après la tombée de la nuit. Au coucher du soleil, la luminosité de la ville prend une nouvelle dimension, des gratte-ciel scintillants aux monuments illuminés. Ces points de vue ne sont pas simplement des endroits pour contempler la ville ; ce sont également des endroits où vous pourrez vous immerger dans l'énergie, la culture et le charme qui caractérisent la ville de New York. Ces lieux d'observation capturent l'essence de la ville qui ne dort jamais alors que les lumières inondent le ciel nocturne et que le pouls de la ville résonne.

# Chapitre 10 :

# Activités familiales

À première vue, la ville de New York, connue pour sa riche culture, ses bâtiments importants et ses différents quartiers, peut sembler être un terrain de jeu pour adultes. Mais sous sa façade trépidante se cache une mine d'activités familiales pour tous les âges. Les offres de la ville garantissent que les familles peuvent entreprendre ensemble des excursions remarquables, des musées interactifs aux vastes parcs, des zoos captivants aux spectacles immersifs. Adopter le côté familial de New York offre un monde de découvertes, d'apprentissage et d'expériences partagées dont les enfants et les adultes se souviendront pour le reste de leur vie.

**Des musées qui inspirent la curiosité : expéditions culturelles**

Les musées de la ville de New York sont plus que de simples collections statiques d'histoire ; ce sont des aventures captivantes qui captivent les esprits curieux de tous âges. Le Musée américain d'histoire naturelle en est un excellent exemple, avec des expositions telles que la salle des dinosaures et le planétarium Hayden. Au fur et à mesure que les familles explorent, elles voyageront à travers le temps, de la préhistoire au cosmique, et découvriront les merveilles de notre terre et de notre cosmos.

Le Children's Museum de Manhattan pousse l'apprentissage interactif vers de nouveaux sommets. Les enfants peuvent s'immerger dans des domaines allant de la science et de l'art à la culture et à la santé grâce à des expositions qui favorisent l'investigation pratique et la créativité. En montant à bord du porte-avions USS Intrepid et en visitant sa collection d'avions, de vaisseaux spatiaux et bien plus encore, les familles vivront une expérience historique extraordinaire.

**Parcs et terrains de jeux au cœur de la ville :**

Si la ville est réputée pour ses canyons en béton, elle possède également plusieurs parcs et terrains de jeux qui apportent une bouffée d'air frais. Central Park, un havre de paix bien connu, offre une multitude d'activités familiales. Les familles peuvent profiter du plein air tout en étant entourées par l'horizon de la ville, des excursions en barque sur le lac à la visite du zoo de Central Park. Prospect Park à Brooklyn a un attrait comparable, avec des pique-niques, des balades à vélo et des visites au zoo de Prospect Park.

La High Line, une voie ferrée reconvertie en parc surélevé, offre une occasion unique de découvrir la flore au milieu de l'environnement métropolitain. Les familles découvriront des jardins, des œuvres d'art et des vues spectaculaires sur la ville en parcourant ses sentiers en hauteur. Avec ses terrains de jeux et ses installations sportives, Hudson River Park mélange loisirs et détente au bord de la rivière, offrant aux familles un endroit pour se détendre et profiter du plein air.

**Découvertes interactives : Musées des sciences et des merveilles :**

Les musées des sciences et d'exploration de New York sont un trésor pour les familles à la recherche d'opportunités d'apprentissage pratique. Les expositions interactives du New York Hall of Science dans le Queens couvrent des thèmes tels que la physique, la biologie et la technologie. Les enfants peuvent participer à des expériences, des énigmes et des défis qui rendent l'apprentissage amusant. Le zoo du Bronx allie éducation et plaisir en permettant aux visiteurs de voir des animaux du monde entier dans des habitats conçus pour reproduire leur environnement naturel.

Le Liberty Science Center voisin est un sanctuaire pour les jeunes aventuriers. Les enfants peuvent faire appel à leurs sens et à leur curiosité de manière ludique avec des expositions allant d'un tunnel tactile à une grande structure d'escalade. Parallèlement, le Musée des Arts pour Enfants favorise l'expression créative en permettant aux enfants de participer à des projets et à des ateliers artistiques pratiques.

**Animations magiques et théâtrales :**

L'industrie du divertissement à New York comprend des artistes familiaux qui attirent à la fois un public jeune et senior. Alors que Broadway est principalement associé aux adultes, plusieurs théâtres proposent des matinées spéciales pour les jeunes. Avec des costumes scintillants et une musique merveilleuse, des productions telles que « Le Roi Lion » et « Aladdin » donnent vie à des contes célèbres.

Le New Victory Theatre s'engage à organiser des événements de théâtre, de danse et de cirque adaptés aux familles. Ces programmes comportent souvent des aspects interactifs qui encouragent les enfants à participer et à s'engager. Sous son célèbre chapiteau, le Big Apple Circus, un spectacle itinérant, propose des acrobaties, de l'humour et des prouesses impressionnantes.

Souvenirs durables, expériences partagées :

Participer à des activités familiales à New York ne se limite pas à occuper les enfants ; il s'agit également de nouer des amitiés durables et de créer de précieux souvenirs. Le cœur de ces activités est d'explorer, d'apprendre et de rire ensemble. Chaque visite de musée, excursion dans le parc et spectacle vu devient un chapitre de la vie de la famille, plein d'émerveillement, de curiosité et de plaisir.

Les activités familiales offrent un rythme plus calme au milieu de la culture trépidante de la ville, permettant aux familles d'interagir, d'apprendre et de se développer ensemble. Alors que les yeux des enfants s'illuminent d'enthousiasme et que les parents constatent l'intérêt croissant de leurs enfants, la vitalité de la ville prend une nouvelle dimension. L'environnement urbain se transforme en un royaume d'émerveillement et d'exploration, où les familles peuvent se lancer dans l'aventure de la découverte et tisser une tapisserie d'expériences partagées qui seront appréciées pendant des années.

# Attractions et parcs pour enfants

La ville de New York, avec ses immeubles imposants et ses rues animées, peut sembler être un endroit inhabituel pour les jeunes voyageurs. Cependant, sous la surface de la ville se cache un environnement magique conçu pour les enfants de tous âges. Des attractions fantaisistes aux parcs animés, en passant par les musées interactifs et les terrains de jeux passionnants, la ville propose une multitude d'activités adaptées aux enfants qui stimulent l'imagination et laissent des impressions durables. Découvrir les merveilles des attractions et des parcs adaptés aux enfants de New York, c'est comme entrer dans un royaume fantastique où la curiosité n'a aucune limite.

**Musées de l'imagination : où l'apprentissage rencontre le jeu :**

Les musées de New York ont créé des environnements dans lesquels l'apprentissage devient une expérience en soi. Le Musée des Enfants de Manhattan est un terrain de jeu de découverte haut en couleurs. Les enfants peuvent faire appel à leurs sens, à leur imagination et à leur curiosité grâce à des expositions interactives couvrant la science, l'art et la culture. Le musée propose une riche gamme d'activités pratiques, allant de la construction de bâtiments élaborés aux jeux de rôle dans diverses situations.

Le New York Hall of Science, basé dans le Queens, est un refuge pour les scientifiques en herbe. Ses expositions suscitent l'intérêt des enfants grâce à des expositions et des activités interactives, les invitant à explorer des thèmes en physique, en biologie et en technologie. Parallèlement, le Musée des Arts pour Enfants encourage les jeunes artistes en leur donnant les ressources et l'inspiration dont ils ont besoin pour créer leurs chefs-d'œuvre.

**Nature's Playground : Parcs conçus pour les enfants :**

Les parcs de New York offrent des possibilités d'excursions en plein air et de jeux libres dans les environs métropolitains de la ville.

L'immense paradis qu'est Central Park est un refuge pour les familles. Des promenades à poney, une visite au zoo de Central Park ou simplement courir et explorer les grands espaces ouverts sont autant d'options pour les enfants. Avec ses structures d'escalade, ses balançoires et ses éléments aquatiques, le terrain de jeu Heckscher à Central Park est un incontournable.

Prospect Park à Brooklyn est un peu de splendeur de la nature au milieu de la métropole. Le Centre LeFrak propose du patinage sur glace en hiver et du patin à roulettes en été, tandis que le Centre Audubon fait découvrir aux enfants les beautés de l'écosystème naturel du parc. De plus, Brooklyn Bridge Park possède de nombreux terrains de jeux, chacun avec ses éléments distinctifs qui offrent des heures de divertissement.

**Rencontres Animalières et Aventures Marines :**

Les attractions de New York comprennent des merveilles aquatiques qui enchantent les jeunes esprits. L'Aquarium de New York à Coney Island permet aux jeunes de découvrir le monde sous-marin, qui comprend de tout, des lions de mer espiègles aux méduses hypnotiques. Les expositions interactives enseignent la vie marine, la conservation et l'équilibre fragile des écosystèmes océaniques.

Le zoo du Bronx, l'un des plus grands zoos urbains du monde, est le rêve de tout amoureux des animaux. Les enfants peuvent voir des animaux du monde entier dans des habitats qui imitent leur environnement naturel. Le zoo propose une expérience de type safari, éducative et divertissante, de l'exposition sur Madagascar aux plaines africaines.

**Magie théâtrale et performances créatives :**

Le paysage culturel de la ville de New York comprend des spectacles familiaux qui emmènent le jeune public dans des royaumes passionnants. Le Théâtre Nouvelle Victoire, spécialisé dans les représentations familiales, propose une grande variété de spectacles, du théâtre et de la danse aux numéros de marionnettes et de cirque. Ces programmes incluent souvent des fonctionnalités interactives qui encouragent les enfants à s'engager et à participer.

Les jeunes amateurs de théâtre peuvent également trouver des divertissements à Broadway. Avec des costumes somptueux, une musique engageante et des performances fascinantes, des spectacles comme « Le Roi Lion » et « La Reine des Neiges » donnent vie à des contes célèbres. Ces spectacles font découvrir aux enfants les merveilles du théâtre en direct et leur permettent de vivre l'émotion de la scène.

**Contes et aventures littéraires :**

Pour les enfants qui aiment les livres, New York possède des attractions littéraires qui leur donnent vie. Le DiMenna Children's History Museum de la New York Historical Society propose l'histoire d'une manière attrayante et accessible, stimulant l'imagination des jeunes via des expositions interactives. La statue de Hans Christian Andersen à Central Park rend hommage au légendaire conteur en permettant aux enfants d'interagir avec les personnages de ses contes de fées.

La salle de lecture pour enfants de la bibliothèque publique de New York est un paradis pour les jeunes lecteurs. La salle fascinante présente un mélange de livres et d'expositions interactives qui favorisent la lecture et la narration.

**Souvenirs partagés et moments inoubliables :**

Explorer les activités et les parcs adaptés aux enfants à New York, c'est bien plus que simplement s'amuser ; il s'agit de créer des souvenirs et d'établir des relations. Qu'il s'agisse de voir une comédie musicale à Broadway, d'apprendre des sciences ou de faire des excursions en plein air, ces événements créent des chapitres dans la vie de famille. Le plaisir dans les yeux des enfants et les rires qui remplissent l'air deviennent des images de joie dont les parents et les enfants se souviendront longtemps après avoir quitté la ville.

Pendant l'agitation de la vie urbaine, ces attractions et parcs familiaux offrent aux familles un lieu d'interaction, d'apprentissage et d'exploration ensemble. Le paysage de la ville se transforme en un terrain de jeu de créativité, où les enfants peuvent rêver, étudier et jouer tout en créant des expériences qui dureront toute une vie.

## Événements et expositions destinés aux familles

La ville de New York, connue pour ses rues animées et ses monuments renommés, peut sembler être un lieu réservé aux adultes. Cependant, sous cet extérieur fastueux se cache un monde de divertissements et d'activités familiaux pour les personnes de tous âges. Des spectacles fantaisistes aux expositions interactives, des festivals culturels aux spectacles saisonniers, la ville accueille les familles à bras ouverts, en proposant une grande variété d'événements qui favorisent les relations, le rire et les souvenirs partagés. Découvrir les merveilles des spectacles et des événements familiaux à New York, c'est comme commencer un voyage où la créativité ne connaît aucune limite et où le plaisir peut être découvert à chaque coin de rue.

**La magie de Broadway pour tous :**

La culture théâtrale dynamique de la ville de New York dépasse le domaine des adultes pour inclure les familles avec de jeunes spectateurs. Broadway, reconnue pour ses pièces de classe mondiale, propose plusieurs spectacles familiaux qui emmènent le public de tous âges dans des royaumes magiques. "Le Roi Lion", avec ses costumes captivants et son intrigue intemporelle, captive petits et grands. Pendant ce temps, "Aladdin" donne vie au fantasme d'Agrabah avec des décors brillants et une musique géniale.

Le New Victory Theatre, un lieu désigné pour le divertissement familial, accueille un large éventail de spectacles allant du théâtre au cirque en passant par la danse et bien plus encore. Ces spectacles sont destinés à engager et amuser le jeune public et comprennent souvent des éléments interactifs qui favorisent la participation et le rire. Le théâtre est un portail d'étonnement pour les familles, qu'il s'agisse d'un récit touchant, d'une exposition acrobatique éblouissante ou d'une production de marionnettes décalée.

**Événements culturels et festivals :**

La richesse culturelle de la ville de New York est honorée à travers une pléthore de festivals et d'événements familiaux qui encouragent l'exploration et la découverte. Le défilé et le festival du Nouvel An lunaire dans le quartier chinois, par exemple, permettent aux familles de célébrer le Nouvel An chinois en se plongeant dans la musique, la danse et la nourriture traditionnelles. Le festival Diwali de Times Square apporte l'exubérance de la culture indienne au centre de la ville, notamment en matière de divertissement, d'art et d'artisanat traditionnel.

À Brooklyn, le West Indian American Day Carnival transforme les rues en une célébration spectaculaire de la culture caribéenne, remplie de costumes colorés, de musique passionnante et d'une excellente cuisine. Pendant ce temps, la parade annuelle des sirènes de Coney Island amène les familles dans un monde fantastique et enchanteur, avec des costumes inventifs et des chars innovants occupant le devant de la scène.

**Musées et aventures éducatives :**

Les musées de New York sont plus que de simples dépôts historiques ; ce sont aussi des lieux où se croisent l'éducation et le plaisir. Avec ses expositions captivantes, ses expositions interactives et ses opportunités d'apprentissage pratique, le Musée américain d'histoire naturelle fascine les familles. Les enfants peuvent découvrir les merveilles du monde naturel, des os de dinosaures aux corps célestes, suscitant un sentiment d'émerveillement qui dure des générations.

Le Children's Museum de Manhattan propose une riche gamme d'activités qui permettent aux enfants de faire appel à leurs sens, à leur créativité et à leur imagination. Les expositions qui encouragent la recherche par le jeu couvrent une grande variété de thèmes, de la science et de l'art à la culture et à la santé. Le New York Hall of Science, dans le Queens, offre aux jeunes scientifiques un cadre pratique à explorer et à découvrir, faisant de l'éducation une aventure.

**Délices saisonniers et magie des fêtes :**

Pendant la période de Noël, l'esprit festif de New York s'anime avec une multitude d'activités et de concerts destinés aux familles. Le Radio City Christmas Spectacular, qui met en vedette les célèbres Rockettes, captive les téléspectateurs avec ses routines de danse précises, sa musique de vacances et son décor de scène somptueux. Les familles se rassemblent au Rockefeller Center pour voir le célèbre sapin de Noël allumé, signalant le début de la saison des fêtes.

Les familles peuvent profiter de l'excitation du Village Halloween Parade, alors que les participants costumés défilent dans Greenwich Village dans un spectacle de créativité et d'inventivité, à l'occasion d'Halloween. Winter Village à Bryant Park possède une magnifique patinoire, des marchés saisonniers et des activités festives qui capturent l'esprit de la saison.

**Rires partagés et souvenirs impérissables :**

Participer à des spectacles et à des activités familiales à New York ne se limite pas au divertissement ; il s'agit de faire rire ensemble et de garder des souvenirs impérissables. Qu'il s'agisse de voir une comédie musicale à Broadway ou de participer à des festivals culturels, ces événements s'inscrivent dans le tissu des contes familiaux. Ces moments sont définis par le plaisir des yeux des enfants, les rires qui remplissent l'air et la chaleur de la connexion.

Les spectacles et événements familiaux offrent un refuge aux familles pour se réunir, apprendre et s'amuser au milieu de la vitalité trépidante de la ville. Ces souvenirs deviennent des pierres de touche sur lesquelles les familles reviennent, racontant des histoires d'émerveillement, d'aventure et de rire. À mesure que l'imagination des enfants s'envole et que les parents se réjouissent, la ville se transforme en une toile d'exploration et de découverte partagées - une toile où les relations familiales sont renforcées et la beauté des liens est célébrée.

# Chapitre 11 :

# Aventures en plein air

La ville de New York, qui est parfois décrite comme une jungle de béton composée d'immeubles imposants et de rues animées, n'est peut-être pas le premier endroit qui vient à l'esprit des amateurs de plein air. Cependant, sous la surface de la ville se cache un monde d'expériences en plein air qui ne demandent qu'à être découvertes. La ville propose un large éventail d'activités de plein air qui permettent aux touristes et aux résidents de renouer avec la nature, de se détendre et de profiter de la beauté qui se trouve au-delà des limites de la ville, des immenses parcs aux sentiers pittoresques, des ruisseaux calmes aux jardins animés. Découvrir des expériences en plein air à New York, c'est comme commencer un voyage de découverte, où l'urbain cède la place à l'attrait des beautés naturelles.

**Central Park : un havre de verdure au cœur de Manhattan :**

Central Park, immense sanctuaire au cœur de Manhattan, est un paradis pour les amateurs de plein air à la recherche d'une pause loin de l'agitation de la ville. Son immensité permet une variété d'activités, allant des promenades le long des promenades bordées d'arbres aux pique-niques sur la Grande Pelouse. Le zoo de Central Park permet aux visiteurs de se rapprocher des animaux tandis que la navigation de plaisance sur le lac calme du parc permet aux visiteurs de se détendre en compagnie de la nature.

La splendeur naturelle du parc est renforcée par ses nombreux paysages, qui vont du célèbre pont Bow surplombant le lac étincelant jusqu'aux sentiers boisés de la Ramble. Le Jardin Conservatoire a prévu avec précision des compositions florales qui offrent un répit pittoresque loin de la ville. Central Park est bien plus qu'un simple lieu de plaisir en plein air ;

c'est un monument à la coexistence pacifique de la nature et de la vie urbaine.

**Randonnées et sentiers : à la découverte de la beauté naturelle de la ville de New York :**

Les itinéraires de randonnée qui traversent un cadre magnifique peuvent offrir un répit loin des gratte-ciel de la ville. La ceinture de verdure de Staten Island comporte plusieurs sentiers menant à des points de vue panoramiques et à des forêts paisibles. Le système de sentiers High Rock Park, en particulier, serpente à travers les forêts, les marais et les étangs, offrant une expérience naturelle à l'échelle de la ville.

Inwood Hill Park, situé près de la limite nord de Manhattan, possède de magnifiques sentiers qui serpentent à travers des forêts profondes et offrent une vue imprenable sur le fleuve Hudson. Les sentiers procurent ici un sentiment d'éloignement, permettant aux randonneurs d'échapper à l'agitation de la vie urbaine et de s'immerger dans un environnement tranquille.

## Naviguer sur les voies navigables de New York : aventures aquatiques

Le front de mer de New York sert de porte d'entrée vers des expériences aquatiques qui révèlent un aspect distinct de la ville. Le kayak et le paddleboard sont autorisés dans le parc de la rivière Hudson, offrant une vue unique sur l'horizon tout en flottant au-dessus de la rivière. L'East River Ferry est une belle façon de voyager entre les arrondissements, avec des vues sur des sites importants depuis la rivière.

Pour ceux qui recherchent une expérience plus immersive, la pêche depuis les quais et jetées le long du littoral de la ville offre l'occasion de se détendre tout en écoutant le battement des vagues. Les plages de la ville, telles que Coney Island et Rockaway Beach, invitent les touristes à profiter des rayons du soleil, à nager dans l'eau et à profiter de la beauté du littoral.

## Jardins Botaniques et Arboretums : Merveilles Naturelles :

Les jardins botaniques et les arboretums de New York sont des havres de paix où les visiteurs peuvent s'immerger dans la splendeur de diverses plantes. Le jardin botanique du Bronx à New York est une étendue verdoyante avec des jardins à thème, des vérandas et une forêt naturelle tranquille. Le spectacle annuel des orchidées est un festin visuel mettant en valeur la beauté délicate de ces fleurs exotiques.

Le jardin botanique de Brooklyn est un havre de paix, avec des jardins à thème allant de la charmante Esplanade des Cerisiers à la Roseraie parfumée. Les visiteurs sont invités à explorer les différents paysages du Queens Botanical Garden, notamment le lumineux jardin du mariage et le jardin zen de la paix.

**Spectacles extérieurs et événements culturels :**

Les espaces ouverts de la ville sont transformés en lieux d'événements culturels et de spectacles qui mettent en valeur la culture créative florissante de la ville. Shakespeare in the Park, joué au Delacorte Theatre de Central Park, présente des présentations gratuites de grandes pièces sous le ciel, permettant aux gens de découvrir le théâtre dans un environnement naturel.

La Governors Island Art Fair transforme l'île en une exposition dynamique d'art moderne, permettant aux visiteurs d'explorer les installations tout en admirant des vues imprenables sur Manhattan. Les concerts en plein air, les projections de films et les festivals, comme la série SummerStage, permettent aux gens de participer à la culture tout en profitant du plein air.

**Sérénité naturelle et souvenirs partagés :**

Les expériences en plein air à New York ne se résument pas à une simple découverte ; il s'agit de construire des souvenirs partagés et d'apprécier la paix que donne la nature. Qu'il s'agisse de se promener dans les allées de Central Park, de faire du kayak le long des rivières de la ville ou d'assister à un spectacle en plein air, ces expériences s'intègrent dans le tissu de l'existence.

Les excursions en plein air offrent l'occasion de se calmer, de se connecter avec la nature et de profiter de la beauté qui nous entoure au milieu de l'agitation vibrante de la ville. Alors que l'attrait des parcs, des sentiers et des rivières occupe une place centrale, l'environnement urbain passe au second plan. Le plein air invite au centre de la ville qui ne dort jamais, promettant tranquillité, émerveillement et moments partagés qui enrichissent le tissu de nos vies.

# Parcs dans les villes, randonnées pédestres et pistes cyclables

La ville de New York, qui est souvent associée à des bâtiments imposants et à des rues animées, n'évoque peut-être pas instantanément des idées de parcs tranquilles, de sentiers de randonnée pittoresques et de vastes pistes cyclables. Cependant, sous le vernis urbain de la ville se trouve un merveilleux réseau de parcs urbains, de sentiers de randonnée et de pistes cyclables qui offrent un refuge contre l'agitation de la ville et la possibilité d'interagir avec la nature. Des principaux parcs de la ville aux sentiers secrets qui sillonnent des poches de verdure inattendues, les attractions extérieures de New York offrent une combinaison unique de nature et d'urbanité qui invite à l'exploration et au rafraîchissement. Démêler la tapisserie des parcs urbains, des randonnées et des pistes cyclables de New York, c'est comme partir en voyage où le rythme de la ville se mêle à la tranquillité de la nature.

## Des havres de verdure dans la jungle de béton : les parcs urbains

Central Park, l'un des parcs urbains les plus célèbres au monde, illustre la coexistence saine de la nature et de la vie urbaine. Il s'étend sur plus de 840 acres au centre de Manhattan et propose une variété d'activités allant des pique-niques paisibles sur la Great Lawn à l'aviron sur le lac Central Park. Les allées du parc mènent à des joyaux cachés comme le jardin Shakespeare et le Ramble, où les visiteurs peuvent se détendre dans un environnement tranquille.

Tout au long de l'année, Bryant Park, situé derrière la bibliothèque publique de New York, se transforme en sanctuaire urbain. En été, il organise des soirées cinéma en plein air et des séances de yoga, tandis qu'en hiver, il dispose d'une patinoire et d'un marché de Noël. High Line Park, un parc vert surélevé créé sur une voie ferrée désaffectée, offre une perspective unique pour l'exploration urbaine, avec des vues sur la métropole et des installations artistiques le long de ses allées.

## Escapades naturelles dans les limites de la ville : sentiers de randonnée

Les sentiers de randonnée de la ville de New York offrent un soulagement surprenant à l'agitation de la ville, permettant aux amateurs de plein air de se retirer dans des poches de beauté naturelle. La ceinture de verdure de Staten Island est un réseau de sentiers qui sillonnent les bois, les étangs et les collines. Le

Greenbelt Nature Centre sert de passerelle vers ces sentiers, offrant aux visiteurs des informations et des points de départ.

Inwood Hill Park, situé à l'extrême nord de Manhattan, possède de jolis sentiers qui serpentent à travers les forêts et offrent une vue imprenable sur le fleuve Hudson. Le paysage varié du parc procure un sentiment d'intimité et de tranquillité naturelle, ce qui en fait un trésor caché pour tous ceux qui recherchent une évasion loin du rythme de la ville.

**Pistes cyclables : itinéraires panoramiques à New York :**

Pour les motards, la ville de New York propose une variété d'itinéraires qui peuvent être utilisés à la fois pour le plaisir et pour le transport. L'Hudson River Greenway longe le côté ouest de Manhattan, offrant une vue imprenable sur le fleuve Hudson et l'horizon métropolitain. Cette piste cyclable désignée relie Battery Park, à la pointe sud de Manhattan, au pont George Washington.

La Brooklyn Waterfront Greenway suit le front de mer de l'arrondissement, traversant des parcs, des quartiers et des destinations culturelles. Le Queensway, une voie ferrée désaffectée qui traverse le Queens, est en cours de rénovation pour en faire un espace vert et une piste cyclable qui offriront une nouvelle façon d'explorer la ville.

**Connexions naturelles en milieu urbain :**

Les parcs urbains, les sentiers de randonnée et les pistes cyclables de la ville offrent bien plus que de simples options de plaisir en plein air ; ils contribuent également à relier les citoyens à l'environnement naturel. Ces zones servent d'escapades aux gens pour revitaliser leur esprit, reconstituer leurs énergies et trouver la paix au milieu de l'agitation de la ville. La disponibilité de ces lieux extérieurs encourage les individus de tous âges à participer à l'exercice physique, ce qui se traduit par une communauté plus saine et plus active.

De plus, ces espaces ouverts favorisent un sentiment de communauté parmi la population variée de la ville. Les parcs deviennent des lieux de rassemblement où les personnes de tous horizons peuvent apprécier la beauté de la nature, échanger des discussions et participer à des activités sociales. Les itinéraires de randonnée offrent des opportunités de réflexion et de découverte tranquilles, ainsi que des possibilités de rencontrer d'autres explorateurs en cours de route.

**Préservation et mise en valeur de la verdure urbaine**:

À mesure que la ville évolue, la nécessité de protéger et d'améliorer ses espaces verts devient de plus en plus évidente. L'initiative MillionTreesNYC, par exemple, vise à améliorer la canopée forestière de la ville et à promouvoir une foresterie urbaine durable. Les parcs sont réhabilités, les sentiers sont prolongés et des efforts sont déployés pour garantir que toutes les communautés aient un accès égal aux espaces naturels.

Ces activités démontrent l'appréciation de la communauté pour l'importance que procurent les parcs urbains, les sentiers de randonnée et les pistes cyclables. Ils offrent des lieux de détente, des lieux à explorer et des opportunités de contacts sociaux. Ils contribuent au bien-être général des citoyens, à la santé de l'environnement et à la vitalité du tissu culturel de la ville, en plus de ses avantages récréatifs.

**Trouver un équilibre entre la nature et la vie urbaine :**

Parcs urbains, sentiers de randonnée et pistes cyclables offrent une merveilleuse combinaison de nature et d'urbanité au milieu de la vitalité dynamique de la ville. Ils offrent des espaces verts où les citadins peuvent se retirer, faire le plein et trouver l'inspiration. Qu'il s'agisse d'une promenade tranquille dans Central Park, d'une randonnée le long d'un chemin secret ou d'une magnifique balade à vélo le long du front de mer, ces activités de plein air offrent un équilibre entre le rythme frénétique de la vie urbaine et la tranquillité de la nature. Les visiteurs et les résidents se rendent compte que la véritable beauté de la ville réside non seulement dans ses sites importants, mais également dans les sanctuaires calmes qui procurent sérénité et connexion au milieu de l'environnement métropolitain lorsqu'ils explorent ces paradis de plein air.

# Animations au bord de l'eau et croisières en bateau

Avec son célèbre skyline et ses rues animées, New York est typiquement liée au rythme de la vie métropolitaine. Cependant, au-delà des canyons en béton de la ville, se trouve un immense front de mer actif offrant une variété d'activités aquatiques et de plaisirs esthétiques. Des croisières paisibles aux sports nautiques passionnants, en passant par les parcs au bord de l'eau et les bâtiments renommés visibles depuis l'eau, les équipements maritimes de la ville encouragent les habitants et les touristes à explorer son environnement aquatique. Découvrir les activités riveraines de New York et les excursions en bateau, c'est comme embarquer pour un voyage où la vitalité de la ville rencontre le charme paisible de ses voies navigables.

**Faire une croisière le long de monuments emblématiques :**

Les excursions en bateau qui offrent de nouveaux points de vue sur les célèbres attractions de la ville sont l'une des façons les plus intrigantes d'explorer le front de mer de New York. La Statue de la Liberté, Ellis Island et le pont de Brooklyn sont tous visibles depuis les croisières touristiques Circle Line. Ces visites guidées présentent un contexte historique et des anecdotes intrigantes sur le développement de la ville.

Le Staten Island Ferry, un moyen de transport populaire, propose également un voyage panoramique gratuit avec une vue imprenable sur la Statue de la Liberté et les toits de Manhattan. Les passagers ont droit à une vue sur le patrimoine maritime et la splendeur architecturale de la ville pendant que le ferry survole le port.

**Aventures aquatiques :**

Pour ceux qui recherchent des aventures aquatiques plus actives, les activités au bord de l'eau de New York offrent une grande variété d'intérêts. Faire du kayak sur la rivière Hudson vous permet de parcourir en kayak l'environnement métropolitain tout en bénéficiant d'une vue unique sur la métropole. Des séances de kayak gratuites sont proposées par des organisations telles que le Downtown Boathouse aux pagayeurs débutants et experts.

Le SUP (stand-up paddleboarding) gagne également en popularité sur les voies navigables de la ville. Explorer les eaux de Jamaica Bay, du canal Gowanus et de l'East River sur une planche de SUP procure une sensation de calme et de connexion avec la nature au milieu de la ville.

**Parcs au bord de l'eau : Oasis au bord de l'eau :**

Les parcs au bord de l'eau de New York sont des joyaux cachés qui offrent détente et divertissement à la périphérie de la ville. Brooklyn Bridge Park, un immense havre de paix le long de l'East River, offre une combinaison d'espaces naturels, de terrains de sport, de terrains de jeux et de vues imprenables sur Manhattan. Les jetées et les promenades du parc encouragent les gens à marcher, à faire du vélo ou simplement à profiter du paysage.

L'Hudson River Park, qui longe la partie ouest de Manhattan, compte des kilomètres d'allées, de jardins et d'équipements de loisirs. Son esplanade au bord de l'eau est appréciée des coureurs, des motards et des personnes à la recherche d'un endroit paisible pour admirer le coucher du soleil.

**Exploration aquatique et pêche :**

Les amateurs de pêche peuvent lancer leurs lignes dans diverses situations autour du front de mer de New York. Les pêcheurs peuvent profiter d'une gamme d'activités, depuis les quais de pêche qui se jettent dans la rivière Hudson jusqu'aux plages de Jamaica Bay. La pêche est un passe-temps accessible et satisfaisant dans les cours d'eau de la ville en raison de la richesse des espèces de poissons.

L'Aquarium de New York à Coney Island offre une expérience immersive aux personnes intéressées par la vie marine et l'aventure aquatique. Les visiteurs peuvent examiner des espèces marines de divers endroits, en apprendre davantage sur les initiatives de conservation et interagir de près avec les animaux marins.

**Prendre les eaux de la ville :**

Les marins peuvent profiter de l'excitation de glisser sur les voies navigables de la ville tout en étant entourés par la magnifique ligne d'horizon. Les écoles de voile et les sociétés de charter proposent des cours et des excursions aux marins débutants et experts. Naviguer le long de la rivière Est ou de la rivière Hudson offre une vue unique sur les merveilles architecturales de la ville et sur le front de mer animé.

Les visiteurs peuvent visiter ces navires de guerre et interagir avec les marins tout en découvrant les coutumes et l'histoire nautiques lors d'occasions spéciales telles que la Fleet Week, lorsque des navires militaires du monde entier arrivent dans la ville.

**Aventures culinaires à flot :**

Le front de mer de New York offre non seulement une splendeur esthétique, mais aussi des plaisirs gastronomiques qui se savourent mieux au bord de l'eau. Les restaurants au bord de l'eau offrent la possibilité d'apprécier une délicieuse cuisine tout en admirant des vues spectaculaires. Des restaurants de fruits de mer frais aux bars sur les toits avec vue panoramique, ces lieux de restauration forment une combinaison unique de plaisirs gastronomiques et de grandeur aquatique.

**Exploration de la culture et de l'histoire :**

L'histoire et la culture de la ville de New York sont inextricablement liées au front de mer de la ville. À travers des expositions, des navires historiques et des visites guidées, le South Street Seaport Museum donne un aperçu de l'héritage nautique de la ville. La flotte du musée comprend des bateaux comme le Wavertree, un cargo du XIXe siècle qui donne un aperçu du passé nautique de la ville.

À quelques minutes en bateau, Governors Island propose des événements culturels, des expositions d'art et des festivals en plein air. Les visiteurs peuvent visiter des bâtiments historiques, faire du vélo et participer à une variété d'événements tout en admirant la Statue de la Liberté et l'horizon de Manhattan.

**Une Symphonie de la Vie Urbaine et Aquatique :**

Les activités au bord de l'eau et les croisières en bateau à New York combinent le rythme effréné de la ville avec l'étreinte paisible de ses voies navigables. Le contraste des immeubles imposants avec la vaste étendue de la baie produit une symphonie visuelle unique en son genre qui captive les sens. Qu'il s'agisse d'une excursion en bateau pour voir des monuments importants, de pagayer au bord de l'eau ou simplement d'une promenade dans un parc au bord de l'eau, ces activités procurent un sentiment d'équilibre entre la scène métropolitaine et le calme de la nature.

Les visiteurs et les habitants qui participent à des événements au bord de l'eau et à des excursions en bateau font partie d'un récit nautique qui relie la culture animée de la ville, son importance historique et sa beauté naturelle. De l'exaltation de la voile à la sérénité de regarder l'horizon, le front de mer de New York ouvre un monde de possibilités où le pouls de la ville rencontre le doux clapotis des vagues, créant une symphonie incomparable de découverte et d'émerveillement.

# Chapitre 12 :

# Délices de saison

New York, la ville qui ne dort jamais, est une toile vivante qui évolue au fil des saisons. Chaque saison a son attrait distinct, offrant une multitude d'expériences qui fascinent à la fois les résidents et les touristes. Des événements festifs de l'hiver aux fleurs éclatantes du printemps, des journées ensoleillées de l'été aux vues magnifiques de l'automne, les joies saisonnières de New York tissent une histoire de beauté, de variété et de profondeur culturelle. Découvrir l'enchantement des transformations saisonnières de la ville de New York, c'est comme voyager dans le temps, où l'essence de la ville se transforme au rythme du flux et du reflux du calendrier.

**Les merveilles en hiver :**

À l'approche de l'hiver, la ville de New York se transforme en un paradis hivernal de lumières éblouissantes, de marchés de Noël et de rassemblements chaleureux. La cérémonie d'éclairage de l'arbre de Noël du Rockefeller Center inaugure la période des fêtes en ornant l'arbre emblématique de lumières éblouissantes. Le patinage sur glace au Rockefeller Center ou à Bryant Park, entourés par la métropole scintillante, devient un passe-temps précieux pour les résidents et les visiteurs.

Central Park a été recouvert d'une paisible couche de neige, incitant les gens à se promener ou à se lancer dans des batailles de boules de neige. Union Square Holiday Market et Columbus Circle Holiday Market proposent des articles faits à la main, des plats chauds et une ambiance magnifique qui capture l'âme de la saison.

**Renouvellement et floraison printanière :**

Alors que l'hiver cède la place au printemps, la fraîche ville de York éclate de fleurs colorées, signalant le début d'une nouvelle vie. Pendant le festival des fleurs de cerisier Sakura Matsuri, le jardin botanique de Brooklyn se transforme en un sanctuaire de couleurs alors que les fleurs de cerisier tapissent le paysage, produisant un magnifique spectacle. Le jardin conservatoire de Central Park présente un assortiment de fleurs en pleine floraison, offrant un répit paisible loin de l'agitation de la ville.

Le High Line Park, une voie ferrée reconvertie, regorge de fleurs fleuries et de feuillage luxuriant, offrant un point de vue unique pour assister à la renaissance de la ville. La Cinquième Avenue est imprégnée d'une ambiance vibrante et colorée lors du défilé de Pâques et du festival Bonnet, lorsque les participants arborent des coiffes imaginatives et ornées.

**Aventures en plein air et ambiance estivale :**

L'été à New York est lié à une énergie dynamique qui balaye la ville, incitant les résidents et les visiteurs à sortir. Le Festival du film d'été de Bryant Park propose des projections de films gratuites sous le ciel, offrant ainsi une expérience cinématographique communautaire. Shakespeare in the Park, produit par le Public Theatre, attire les spectateurs au Delacorte Theatre de Central Park pour des spectacles passionnants.

Des concerts en plein air, des festivals et des activités récréatives remplissent les parcs riverains de la ville, du Brooklyn Bridge Park au Hudson River Park. À quelques minutes en bateau, Governors Island propose une variété d'activités, allant des expositions d'art aux pique-niques, permettant aux touristes de profiter des journées ensoleillées.

**Célébrations des récoltes et du feuillage d'automne :**

À mesure que les jours raccourcissent et que l'air devient plus frais, les couleurs vives des feuilles d'automne modifient les parcs et les rues de New York. Central Park se transforme en une symphonie de rouge, d'orange et d'or, produisant de magnifiques panoramas qui incitent à la nostalgie. Les fleurs d'automne colorées du jardin conservatoire donnent une dimension supplémentaire de beauté à l'environnement changeant.

La saison des récoltes est célébrée dans les quartiers de la ville avec des événements tels que la Fête de San Gennaro dans la Petite Italie, qui met en valeur la merveilleuse cuisine et les coutumes culturelles italiennes. Dans la ville adjacente de Croton-on-Hudson, le Great Jack O'Lantern Blaze offre un spectacle époustouflant de citrouilles sculptées qui illuminent la nuit.

**Traditions saisonnières et festivals culturels :**

Des événements saisonniers qui mettent en valeur la diversité et l'innovation animent le calendrier culturel de New York toute l'année. Le défilé et le festival du Nouvel An lunaire de

Chinatown inaugurent l'année du bœuf avec des processions colorées, des danses du dragon et des divertissements traditionnels. Le défilé du carnaval de la Journée antillaise américaine à Brooklyn est une célébration vivante de la culture caribéenne, avec des costumes colorés, de la musique forte et une cuisine délicieuse.

La parade du village d'Halloween de Greenwich Village transforme les rues en un royaume fantastique de création, avec des participants vêtus de costumes complexes et faisant preuve d'expression créative. Le Festival des lumières de Times Square Diwali illumine le cœur de la ville avec des événements culturels, des installations artistiques et un esprit d'harmonie.

**Embrasser les saisons en ville :**

Les joies saisonnières à New York vont au-delà du simple changement de météo ; ils suscitent des émotions, forgent des relations et créent des souvenirs qui dureront toute une vie. Chaque saison permet aux habitants et aux touristes de voir la ville sous un nouvel angle, offrant une combinaison distincte d'activités culturelles, de beauté naturelle et d'enchantement de la fête.

À mesure que la ville change de saison, elle nous incite à vivre le moment présent et à apprécier la beauté éphémère des cycles de la nature. Qu'il s'agisse de patiner sous le ciel d'hiver, de voir les cerisiers en fleurs, de se baigner dans la chaleur de l'été ou de s'adonner aux teintes automnales, les joies saisonnières de New York nous rappellent la nature en constante évolution de la vie et la régénération continue de l'âme.

Dans une ville où le temps ne s'arrête jamais, les saisons rappellent que le rythme de la nature continue d'influencer l'identité de la ville parmi les rues animées et les immeubles imposants. Découvrez les transformations saisonnières de New York, que vous soyez natif ou invité, comme un voyage à travers l'essence de la ville, en observant ses teintes et ses battements de cœur en constante évolution en harmonie avec le rythme des saisons.

# Activités, festivals et événements adaptés aux saisons

La ville de New York, une ville animée et dynamique, change au fil des saisons, offrant une riche tapisserie d'activités, de festivals et d'événements pour tous les goûts et tous les intérêts. Des lumières scintillantes des célébrations hivernales aux fleurs vibrantes du printemps, en passant par les frissons ensoleillés de l'été et les rassemblements douillets de l'automne, le calendrier saisonnier de New York reflète la richesse culturelle et l'énergie créatrice de la ville. Chaque saison apporte une nouvelle série d'expériences qui honorent le rythme, l'héritage et l'identité en constante évolution de la ville. Plonger dans le monde des activités, des festivals et des événements saisonniers à New York équivaut à faire un voyage dans le temps, où les couleurs changeantes du calendrier éclairent le caractère de la ville.

**Enchantement de l'hiver :**

New York s'anime avec une myriade de festivités de vacances alors que la ville est ornée de lumières scintillantes et que le froid de l'hiver s'installe. La cérémonie d'éclairage du sapin de Noël du Rockefeller Center est un symbole du charme de la saison, attirant de grandes foules pour voir le célèbre sapin illuminé. . Le patinage sur glace parmi les imposants gratte-ciel du Rockefeller Center et de Bryant Park est un rituel très apprécié.

Le Winter Village de Bryant Park abrite un marché d'inspiration européenne proposant des spécialités de Noël, des objets artisanaux et une patinoire. Les routines de danse précises et les mélodies saisonnières des Rockettes étourdissent les fans lors du Radio City Christmas Spectacular. Le bal du Nouvel An à Times Square est un spectacle mondial, avec des gens du monde entier se réunissant pour compter à rebours jusqu'à la nouvelle année au milieu des confettis et des cris.

**Floraison printanière :**

À mesure que l'hiver s'estompe, le paysage de la ville s'épanouit avec des teintes printanières, inaugurant une saison de rajeunissement. Le festival des fleurs de cerisier Sakura Matsuri du jardin botanique de Brooklyn célèbre la beauté des fleurs de cerisier en pleine floraison. Le jardin conservatoire de Central Park regorge de tulipes, de jonquilles et d'autres fleurs printanières éclatantes.

Le Tribeca Film Festival célèbre la culture cinématographique de la ville à travers des projections, des conférences et des activités qui favorisent la narration et l'innovation. Les amateurs de cyclisme peuvent participer au Five Boro Bike Tour, qui les emmène à travers les rues, ponts et quartiers historiques de la ville.

**Glamour d'été :**

L'été à New York est associé à une énergie dynamique qui imprègne la ville, incitant les habitants et les touristes à participer à une variété d'activités de plein air. Shakespeare in the Park, produit par le Public Theatre, présente des représentations gratuites de grandes pièces au Delacorte Theatre de Central Park. SummerStage est un programme qui propose des concerts gratuits, des événements de danse et des spectacles théâtraux dans les parcs de la ville.

La parade de la fierté célèbre la fierté et l'égalité LGBTQ+ en remplissant les rues de chars lumineux, de musique entraînante et d'une ambiance accueillante. Governors Island se transforme en un haut lieu culturel, accueillant tout, des installations artistiques aux festivals en plein air. La Parade des sirènes de Coney Island est une façon amusante de célébrer l'art, la créativité et la communauté.

**Le câlin réconfortant de l'automne :**

Alors que les feuilles commencent à tourner et que l'air devient plus pur, la ville de New York célèbre la beauté de l'automne avec une variété d'événements saisonniers. La fête de San Gennaro dans la Petite Italie rend hommage aux ancêtres italiens avec des processions animées, une excellente musique et une cuisine délicieuse. Des milliers de citrouilles artistiquement sculptées illuminent la nuit avec des expositions époustouflantes au Great Jack O'Lantern Blaze à Croton-on-Hudson.

Le New York City Wine & Food Festival est un spectacle gastronomique qui propose des dégustations, des démonstrations et des chefs célèbres pour mettre en valeur la culture culinaire unique de la ville. La parade d'Halloween de Greenwich Village transforme les rues en un monde merveilleux de costumes et d'imagination.

**Un kaléidoscope culturel toute l'année :**

Tout au long de l'année, la diversité culturelle de la ville de New York est honorée à travers une variété d'événements qui mettent en valeur de nombreux patrimoines et coutumes. Le défilé et le festival du Nouvel An lunaire de Chinatown inaugurent l'année du bœuf avec des processions et des divertissements colorés. Le défilé du carnaval de la Journée antillaise américaine à Brooklyn est une célébration vivante de la culture caribéenne, avec des costumes lumineux, de la musique et de la danse.

Le Festival des lumières de Times Square Diwali illumine le cœur de la ville avec des événements culturels, des installations artistiques et un esprit d'harmonie. Le Festival du Film de New York présente une collection soigneusement sélectionnée de films étrangers et locaux qui mettent l'accent sur la créativité et la narration cinématographiques.

**Une mélodie saisonnière :**

Les activités saisonnières, les festivals et les événements à New York sont bien plus que de simples entrées de calendrier ; ce sont des chapitres du récit de la ville. Chaque saison ajoute une nouvelle couche de profondeur au tissu culturel de la ville, donnant aux résidents et aux touristes l'occasion de célébrer, d'interagir et de s'immerger dans le rythme en constante évolution de la ville.

Ces cadeaux saisonniers nous rappellent que la vie est une mosaïque de moments et que le calendrier de la ville de New York reflète les nombreuses nuances de l'expérience humaine. Les charmes saisonniers de la ville nous appellent à nous joindre à la symphonie de la vie qui se déroule dans tous les coins de New York, qu'il s'agisse de profiter de la joie des lumières de Noël, de la beauté des fleurs printanières, de savourer l'excitation des festivals d'été ou de se livrer au confort de l'automne. rassemblements. En participant à ces activités, festivals et événements adaptés aux saisons, nous devenons partie intégrante de l'histoire de la ville, ajoutant nos coups de pinceau au chef-d'œuvre qu'est l'environnement culturel de New York.

## Vacances et événements spéciaux à New York

Pendant les vacances et les occasions spéciales, New York, ville animée et renommée, se transforme en un paradis étonnant, présentant une symphonie de lumières, de festivals et de célébrations culturelles. La vitalité de la ville prend une nouvelle dimension, captivant habitants et touristes, des lumières scintillantes de Noël aux défilés colorés des grands événements. NYC évolue vers une tapisserie de variété ethnique, d'expression créative et de plaisir partagé à chaque fête et événement spécial. Découvrir le charme de New York pendant les vacances et les événements spéciaux, c'est comme entrer dans un monde où cohabitent tradition, innovation et célébration.

**Glamour des Fêtes :**

La saison de Noël à New York est un spectacle qui captive l'imagination et suscite une ambiance festive. L'éclairage du sapin de Noël du Rockefeller Center est un rituel séculaire qui annonce le début de la saison des fêtes. Alors que les touristes et les résidents se rassemblent pour voir son éclairage, le grand arbre, orné de centaines de lumières scintillantes, devient un symbole de solidarité et d'optimisme.

La Cinquième Avenue se transforme en paradis hivernal, avec des décorations festives et de belles vitrines. Winter Village à Bryant Park et Union Square Holiday Market offrent une expérience de shopping spectaculaire où les touristes peuvent acheter des cadeaux uniques, des objets artisanaux exquis et des plats savoureux.

**Thanksgiving et le défilé de Thanksgiving de Macy :**

Thanksgiving à New York est une fête qui allie tradition, communauté et gratitude. Le défilé de Thanksgiving de Macy est un événement spectaculaire qui comprend d'énormes ballons, des chars extravagants, des fanfares et des divertissements. Le cortège parcourt les rues de la ville, captivant les millions de spectateurs qui convergent vers ce spectacle légendaire.

Alors que les gigantesques ballons du défilé dévalent les rues, Central Park devient un refuge pour les familles. Le défilé de Thanksgiving incarne l'esprit d'unité, alors que des personnes de tous horizons se réunissent pour profiter des vacances et s'amuser.

**Times Square le soir du Nouvel An :**

Times Square à New York est associé à la nouvelle année. Le New Year's Eve Ball Drop est un spectacle mondial qui attire des gens du monde entier pour regarder le compte à rebours jusqu'à minuit. Le public éclate d'applaudissements lorsque la boule lumineuse tombe du mât au sommet de One Times Square, signalant le début d'une nouvelle année pleine de possibilités.

L'événement de Times Square rassemble les gens pour commémorer le passage du temps et le désir d'un avenir meilleur. La chute de balle historique est retransmise à des millions de personnes à travers le monde, agissant comme un symbole d'optimisme et de solidarité alors que le monde célèbre ensemble la nouvelle année.

**Célébrations de la Culture :**

La diversité ethnique de la ville de New York est reconnue à travers une variété d'événements uniques qui commémorent divers patrimoines et coutumes. Le défilé et le festival du Nouvel An lunaire dans le quartier chinois sont un défilé animé qui inaugure le Nouvel An chinois avec des danses du dragon, des démonstrations d'arts martiaux et de la musique traditionnelle. Le festival allie expression culturelle et esprit communautaire.

Le défilé du carnaval de la Journée antillaise américaine à Brooklyn est une célébration vibrante de la culture caribéenne, remplie de costumes vibrants, de plats caribéens et de musique entraînante. Le défilé célèbre la riche tradition de la communauté caribéenne de New York et invite des individus de tous horizons à y participer.

**Célébrations et défilés LGBTQ+ :**

La parade de la fierté LGBTQ+ à New York est une célébration brillante et colorée de la fierté, de l'acceptation et de l'égalité. Le cortège contient des chars colorés, des artistes passionnants et une attitude inclusive qui remplit les rues d'enthousiasme. La célébration rend non seulement hommage aux pionniers qui ont ouvert la voie à l'égalité, mais elle célèbre également les avancées en matière de droits LGBTQ+.

Le Mois de la fierté est honoré par plusieurs activités qui favorisent le discours et la joie, allant des expositions d'art aux tables rondes. Le festival se termine par la Pride Parade, qui célèbre l'unité, la variété et la force de la communauté LGBTQ+ et de ses partisans.

**Occasions spéciales et festivals culturels :**

Tout au long de l'année, le calendrier de la ville de New York est complété par un large éventail d'événements culturels qui reflètent la mosaïque unique de la ville. Le festival des lumières de Times Square Diwali illumine la ville avec des spectacles culturels, de l'art traditionnel et un esprit d'harmonie. L'événement commémore le triomphe de la lumière sur les ténèbres et met l'accent sur la valeur de l'unité et de la paix.

Le Festival du Film de New York honore le savoir-faire et la narration cinématographiques en présentant une sélection soigneusement choisie de films étrangers et locaux. Le festival offre aux cinéastes un lieu pour exposer leur travail et interagir avec les spectateurs, contribuant ainsi à la communauté culturelle en plein essor de la ville.

**Une symphonie de célébration :**

Les vacances et les occasions spéciales à New York sont bien plus que de simples événements ; ils sont tissés dans le riche tissu du caractère culturel de la ville. Chaque événement est un moment où les habitants et les touristes se réunissent pour commémorer la tradition, célébrer la diversité et adopter des idéaux communs.

Ces événements mettent en valeur l'esprit de coopération, d'inventivité et de persévérance de la ville. Ils rappellent que, même au milieu de l'agitation de la vie urbaine, il existe des moments de plaisir commun qui transcendent les écarts, renforcent la compréhension et créent des souvenirs durables.

Les gens qui se rassemblent pour assister à la chute du ballon le soir du Nouvel An, participent à des défilés ou assistent à des événements culturels font partie d'une histoire plus vaste qui capture l'essence de l'expérience collective de l'humanité. L'attrait de New York pendant les vacances et les événements spéciaux vient de sa capacité à rassembler les gens, procurant un sentiment d'appartenance, d'émerveillement et de célébration partagée.

# Chapitre 13 :

# Étiquette locale et conseils

Les visiteurs sont accueillis à bras ouverts et dans les rues animées de New York, une grande ville débordante de variété et d'excitation. Pour apprécier le rythme de la ville et parcourir sa tapisserie colorée, il est essentiel de comprendre l'étiquette locale et les recommandations qui vous aideront à vous intégrer tout en profitant au maximum de votre visite. Adopter les conventions locales, de l'étiquette du métro à la sensibilité culturelle, peut non seulement améliorer votre expérience, mais également créer une impression favorable sur les personnes que vous rencontrez. Découvrir les subtilités de l'étiquette et des recommandations locales à New York équivaut à dénicher les clés du cœur de la ville.

**Expertise Métro :**

Le système de métro est le cœur de la ville de New York, offrant un transport rapide à travers les arrondissements. Apprenez les itinéraires, les lieux de correspondance et les méthodes de paiement afin de pouvoir naviguer dans le métro comme un natif. Procurez-vous une MetroCard pour accéder rapidement aux bus et au métro.

Les métros peuvent être occupés aux heures de pointe (généralement de 7h30 à 9h30 et de 17h à 19h). Laissez les gens s'échapper du train avant d'y entrer en vous tenant à droite sur les escaliers mécaniques. Évitez de prendre des sièges réservés aux personnes âgées, aux infirmes ou aux femmes enceintes.

**Étiquette sur le trottoir et rythme de marche :**

Les New-Yorkais marchent avec détermination, souvent à une vitesse rapide. Évitez de vous arrêter brusquement au centre de la circulation piétonne lorsque vous marchez sur les trottoirs. Si vous devez vérifier les instructions, prendre des photos ou utiliser votre téléphone, allez sur le côté.

Lorsque vous marchez, restez conscient de votre environnement et évitez de gêner le passage des autres. Si vous marchez avec d'autres personnes, essayez de maintenir une file unique afin que les autres puissent passer en toute sécurité.

**Compréhension culturelle:**

New York est un creuset culturel, linguistique et traditionnel. Acceptez la variété et traitez chacun avec dignité. Apprenez quelques mots simples dans d'autres langues pour démontrer votre admiration pour la diversité de la ville.

Lorsque vous visitez des lieux de culte, des communautés et des activités culturelles, soyez attentif aux conventions culturelles. Dans certaines situations, la pudeur et une tenue vestimentaire respectable peuvent être exigées.

**Attentes en matière de service et pourboires :**

Le pourboire est attendu à New York et constitue un aspect majeur du secteur des services de la ville. Pourboire aux serveurs de 15 à 20 % du prix total dans les restaurants, et plus si le service était extraordinaire. Les pourboires sont également appréciés par les barmans, les chauffeurs de taxi et les employés des hôtels.

Étant donné que l'argent liquide est encore largement utilisé pour les pourboires, apportez de petites sommes avec vous pour éviter les tracas. Vérifiez si le pourboire a déjà été inclus dans la facture si vous mangez en groupe.

**Protocole de restauration :**

La scène culinaire de New York est vaste et célèbre. Lorsque vous mangez au restaurant, renseignez-vous si l'établissement accepte les réservations, notamment aux heures d'affluence. Il est poli d'être à l'heure pour les réservations.

Évitez de discuter fort dans les restaurants, car l'ambiance est un élément crucial de l'expérience culinaire. Avant de commencer à manger, assurez-vous que tous les membres de votre groupe ont été servis.

**Niveaux de bruit et comportement du public :**

Respectez les restrictions de bruit de la ville, en particulier la nuit. Réduisez la quantité de bruit dans les lieux publics, les hôtels et les zones résidentielles. Évitez les discussions bruyantes, la musique ou toute autre perturbation susceptible de gêner les gens.

Lorsque vous écoutez de la musique ou regardez des vidéos sur votre téléphone en public, parlez bas et portez des écouteurs.

**Files d'attente et espace personnel :**

À New York, l'espace personnel est essentiel. Lorsque vous faites la queue, utilisez les transports en commun ou vous promenez dans la rue, évitez de vous tenir trop près des gens. Cela est particulièrement vrai dans les endroits encombrés.

Maintenez l'ordre et respectez la place des autres en faisant la queue. Couper la file est considéré comme désagréable et peut entraîner des conflits.

**Se déplacer dans les zones encombrées :**

Times Square, la Cinquième Avenue et d'autres destinations touristiques importantes peuvent être très encombrées. Lorsque vous naviguez dans ces endroits encombrés, soyez patient et respectueux. Évitez de vous arrêter brusquement au milieu du trottoir et faites attention aux autres piétons.

Lorsque vous traversez des routes, utilisez les passages pour piétons et faites attention aux feux de circulation. Le Jaywalking est non seulement illégal mais aussi dangereux.

**Sécurité et sensibilisation :**

Bien que la ville de New York soit généralement sécurisée, il est toujours essentiel de rester vigilant quant à son environnement. Gardez vos affaires en sécurité et évitez d'exposer ouvertement des biens précieux.

Lorsque vous marchez, utilisez les passages pour piétons établis et respectez les feux de circulation. Si cela ne vous intéresse pas, évitez d'interagir avec des artistes de rue, des mendiants ou des vendeurs insistants.

**Embrasser la diversité de la ville de New York :**

Gardez à l'esprit lors de votre visite à New York que l'attrait de la ville réside dans sa diversité et ses contrastes. Acceptez les mœurs et les recommandations locales qui vous aideront à parcourir cette mosaïque vivante avec grâce et respect. En vous immergeant dans les traditions locales, vous vivrez non seulement une expérience plus intéressante, mais vous contribuerez également au rythme paisible de la ville. Comprendre les subtilités de la ville de New York vous garantira de devenir un élément essentiel de son tissu culturel, laissant une impression positive lors de votre promenade dans ses rues animées et ses différents quartiers.

## Exploration respectueuse de la ville : que faire et ne pas faire

Explorer la ville animée de New York (NYC) est une aventure passionnante qui offre une multitude de contacts et d'expériences culturelles. Lorsque vous commencez votre visite urbaine, n'oubliez pas de respecter les citoyens de la ville, ses différents quartiers et son histoire fascinante. Voici quelques choses à faire et à ne pas faire pour une exploration courtoise de la ville de New York afin de vous aider à tirer le meilleur parti de votre séjour tout en étant un voyageur responsable :

**De la:**

Planifiez à l'avance en recherchant les quartiers, les attractions et les traditions locales de New York. Cela vous aidera à organiser votre emploi du temps plus efficacement puisque vous aurez une meilleure compréhension des régions que vous visiterez.

**Respecter la diversité locale :** La ville de New York est un mélange de cultures, de langues et de coutumes. Acceptez la variété et engagez-vous avec des personnes de tous horizons avec un esprit ouvert et curieux.

**Utilisez les transports en commun :** Le système de transports publics de New York est efficace et pratique. Utilisez les métros et les bus pour réduire la congestion routière et votre impact carbone.

**Soyez conscient de votre environnement:** Étant donné que les rues de New York peuvent être encombrées, soyez conscient de votre environnement. Évitez les pauses brusques et marchez du côté droit du trottoir tout en étudiant des cartes ou en prenant des photos.

**Suivez les règles de circulation :** Utilisez toujours les passages pour piétons balisés et respectez les feux de circulation lorsque vous traversez les routes. Le Jaywalking est non seulement dangereux, mais il peut également provoquer des embouteillages.

Respectez la file d'attente et attendez votre tour, que vous attendiez un bus, montiez à bord d'un métro ou faites la queue devant une attraction populaire.

**Utiliser les espaces publics de manière responsable :** Les parcs, places et lieux de loisirs de New York sont des espaces partagés. Jetez les déchets de manière appropriée et évitez les actions qui pourraient déranger les autres, comme écouter de la musique forte.

**Participer aux entreprises locales :** Visitez les magasins, cafés et restaurants du quartier pour soutenir les entreprises locales. Engagez des discussions avec les propriétaires de magasins et les employés pour en savoir plus sur le quartier et obtenir des suggestions d'initiés.

**Photographie respectueuse :** Lorsque vous photographiez des monuments, de l'architecture ou des personnes, gardez à l'esprit votre espace personnel et votre vie privée. Lorsque vous photographiez des personnes de près, obtenez toujours d'abord la permission.

**Soyez courtois dans les musées et les attractions :** Respectez les règles et normes des musées et des attractions. Évitez de toucher les expositions sauf autorisation expresse et gardez une distance respectueuse avec les œuvres d'art.

**À ne pas faire :**

Ne jetez pas de déchets : Aidez à garder la ville de New York propre en mettant les déchets dans des conteneurs autorisés. Évitez de jeter vos déchets dans les lieux publics ou dans les transports en commun.

Les trottoirs de New York sont des artères très animées. S'arrêter brusquement au milieu d'un trottoir peut gêner la circulation des piétons.

**N'interrompez pas les artistes :** Les rues de New York sont généralement remplies d'excellents artistes allant des musiciens aux danseurs. Évitez d'interrompre leurs performances ou de prendre leur place tout en admirant leur travail.

**Ne discutez pas à voix haute :** La ville de New York est une ville animée, mais les discussions bruyantes peuvent perturber le calme des résidents et des visiteurs. Maintenir un niveau sonore acceptable, notamment dans les zones résidentielles.

**N'ayez pas peur de demander des instructions :** Si vous ne savez pas exactement votre destination ou votre itinéraire, n'hésitez pas à demander des instructions aux habitants ou à utiliser une application de navigation. Évitez de marcher sans but et de générer de l'incertitude pour les autres.

**N'ignorez pas les conventions locales :** Soyez attentif aux conventions locales et aux normes culturelles, en particulier lorsque vous visitez des sites religieux ou participez à des activités communautaires.

Times Square est bien connu pour ses lumières vives et son activité, mais ce n'est pas un quartier résidentiel. Évitez de le traiter comme tel en étant trop bruyant ou en interrompant la circulation piétonnière.

**Ne pas déranger les transports en commun :** Maintenez les conversations dans le métro et les bus à un niveau normal et évitez de jouer de la musique forte ou de passer des appels téléphoniques sans écouteurs.

**N'ayez pas peur de donner un pourboire :** Il est habituel de laisser un pourboire à New York lorsque l'on mange au restaurant ou que l'on utilise les services. Ne pas le faire peut être considéré comme un manque de respect envers les employés du secteur des services.

**Vendeurs ambulants non autorisés :** Même si les vendeurs ambulants contribuent à l'esprit de la ville, méfiez-vous des achats auprès de vendeurs non autorisés ou illégaux, car cela pourrait favoriser des activités illicites.

Une exploration respectueuse de la ville de New York nécessite d'être attentif aux citoyens de la ville, à sa culture dynamique et à son rythme urbain. En suivant ces choses à faire et à ne pas faire, vous pourrez tirer le meilleur parti de votre visite tout en ayant une influence bénéfique sur la ville et ses habitants.

# Contacts d'urgence et recommandations de sécurité

New York, parfois surnommée la « jungle de béton », est une ville prospère et animée qui ne dort jamais. New York attire des millions de touristes et de personnes avec sa célèbre ligne d'horizon, ses quartiers diversifiés et ses possibilités illimitées. Il est essentiel de donner la priorité à la sécurité et de se préparer à tout événement imprévu au milieu de l'agitation et de l'excitation. Nous passerons en revue les recommandations de sécurité importantes et présenterons une liste de contacts d'urgence dans ce guide complet pour vous aider à parcourir la ville en toute confiance.

**Recommandations générales de sécurité :**
Gardez un œil sur votre environnement : Être prudent et observateur vous aidera à éviter d'être victime d'une petite délinquance ou d'un accident.

**Précautions pour les transports publics :**
Utilisez des services de taxi ou des applications de covoiturage légaux et bien éclairés. Évitez les wagons vides et restez à proximité des endroits bondés lorsque vous utilisez le métro.

Gardez vos affaires à portée de main et méfiez-vous des pickpockets, surtout dans les situations de forte affluence.

**Planifiez vos itinéraires :** Avant de partir, familiarisez-vous avec le plan de la ville. Si vous explorez seul, informez une personne de confiance de votre position.

Prenez note de toutes les sorties de secours dans les bâtiments et les lieux publics. Ces informations sont essentielles en cas d'incendie ou de toute autre urgence.

**Préparation aux intempéries :** La ville de New York est confrontée à un large éventail de conditions météorologiques. Habillez-vous en fonction de la météo et apportez les articles nécessaires tels qu'un parapluie, de la crème solaire et des vêtements d'hiver.

**Sécurité des guichets automatiques :** Utilisez toujours les guichets automatiques dans des endroits bien éclairés et bondés. Protégez votre code PIN lorsque vous le saisissez pour protéger rapidement vos fonds.

**Évitez les ruelles sombres :** Lorsque vous marchez la nuit, restez dans les rues bien éclairées et bondées. Évitez de prendre des raccourcis vers des endroits inconnus ou distants.

Emportez avec vous les médicaments nécessaires et soyez informé des services médicaux environnants.

**La sécurité incendie:** Connaître la stratégie d'évacuation en cas d'incendie et l'emplacement des extincteurs si vous séjournez dans un hôtel ou une location.

**Personnes à contacter en cas d'urgence :**
911 pour la police, les pompiers et les urgences médicales.
(Ce numéro donne accès à tous les services d'urgence.)

Le 311 est le numéro de police non urgent.
(Pour les événements non urgents et les demandes d'informations)

1-800-222-1222 (Centre antipoison).
(En cas d'urgence d'empoisonnement ou pour plus d'informations)

311 pour la gestion des urgences à New York
(Pour les informations d'urgence et les mises à jour)

1-888-NYC-WELL (1-888-692-9355) pour le puits de New York
(Intervention de crise et aide en santé mentale)

Ligne d'assistance téléphonique contre la violence domestique : 1-800-621-HOPE (1-800-621-4673)
(Pour le soutien et les ressources en matière de violence domestique)

Le numéro Suicide Prevention Lifeline est le 1-800-273-TALK (1-800-273-8255).
(Si vous ou quelqu'un que vous connaissez vivez une crise)

Le 311 est la ligne d'assistance téléphonique d'urgence pour les refuges.
(Pour plus d'informations sur les refuges d'urgence pour sans-abri)

212-447-2030, Bureau du médecin légiste en chef
(Pour les demandes concernant les décès)

Panne de service public :

Avec Edison : 1-800-752-6633 (électricité/gaz)
1-718-643-4050 (Gaz) Réseau national
Sensibilisation et respect culturels :
Respecter la diversité de la ville et suivre les traditions locales est essentiel pour votre sécurité et celle des autres. New York est un creuset culturel, linguistique et traditionnel. Traitez vos voisins et vos invités avec attention et courtoisie, quelle que soit leur origine.

Gardez à l'esprit que la sécurité est une responsabilité partagée. En suivant ces consignes de sécurité et en connaissant les contacts d'urgence, vous pourrez profiter au maximum de votre séjour à New York tout en restant en sécurité et en passant un bon moment dans cette scène métropolitaine dynamique.

# Chapitre 14 :

# Excursions et excursions d'une journée

Avec ses monuments renommés, ses quartiers animés et sa culture riche, la ville de New York offre une multitude d'activités au sein de ses cinq arrondissements. Cependant, pour ceux qui souhaitent s'éloigner de la ville et essayer quelque chose de nouveau, les environs offrent une variété d'excursions et d'excursions d'une journée qui promettent un changement de rythme rafraîchissant. Au cours de cette visite, nous sortirons des limites de la ville pour découvrir certaines des excursions et excursions d'une journée les plus excitantes dans et autour de New York.

**1. L'escapade dans la vallée de l'Hudson :**

La vallée de l'Hudson se trouve à un court trajet en train ou en voiture de la ville et offre des vues imprenables, des villages attrayants et des monuments historiques. Voyagez à Sleepy Hollow, célèbre pour son folklore effrayant et les histoires de Washington Irving. Visitez le domaine Rockefeller, à Kykuit, pour un aperçu de son riche passé. Profitez de la splendeur naturelle du parc d'État de Bear Mountain, idéal pour la randonnée, les pique-niques et les vues panoramiques sur la rivière Hudson.

**2. L'enchantement des Hamptons :**
Voyagez vers l'est jusqu'aux Hamptons, une destination populaire pour les amateurs de plage et les escapades aisées. Profitez des magnifiques plages de Southampton, de la scène culturelle d'East Hampton ou de l'ambiance élégante de Montauk. Les Hamptons offrent une combinaison de loisirs et d'un style de vie élégant, ce qui en fait un week-end populaire auprès des New-Yorkais.

**3. La tranquillité des Catskills :**
Dirigez-vous vers les montagnes Catskill pour une escapade plus calme. Les Catskills offrent

un répit tranquille au rythme de la ville, qu'il s'agisse de faire de la randonnée le long de magnifiques sentiers, d'admirer de magnifiques cascades ou de découvrir le charme de Woodstock. L'une des plus hautes cascades de New York, Kaaterskill Falls, est à ne pas manquer.

**4. La beauté et l'histoire de Philadelphie :**
Prenez un train pour Philadelphie, qui se trouve à seulement quelques heures. Découvrez l'histoire américaine à l'Independence Hall et à la Liberty Bell. Explorez le Philadelphia Museum of Art et gravissez les célèbres « Rocky Steps ». Savourez les célèbres steaks au fromage de la ville et promenez-vous dans les charmantes rues de la vieille ville.

**5. La retraite paisible de Long Island :**
Long Island a quelque chose pour tout le monde, des vignobles sophistiqués de North Fork aux plages tranquilles de Fire Island. Découvrez les somptueuses demeures de la Gold Coast, comme le célèbre château d'Oheka. Découvrez l'effervescence du parc d'État de Jones Beach ou l'atmosphère

détendue des communautés balnéaires de la rive sud.

**6. Aventure dans Mystic Seaport :**
Voyagez à Mystic Seaport dans le Connecticut, où l'histoire maritime prend vie. Visitez le Mystic Aquarium et les navires historiques, ainsi qu'un hameau balnéaire reconstruit du XIXe siècle. Dégustez de délicieux fruits de mer tout en vous relaxant au bord de la mer.

**7. Escapade panoramique dans les Adirondacks :**
Les Adirondacks offrent de véritables vacances en pleine nature aux amoureux de la nature. Faites une randonnée dans des bois luxuriants, faites du kayak autour de magnifiques lacs et admirez la splendeur de la région des High Peaks. Lake Placid, un charmant hameau, est célèbre pour avoir accueilli deux Jeux olympiques d'hiver et propose des activités de plein air toute l'année.

**8. Immersion culturelle phare :**
Beacon, un centre culturel en plein essor situé à quelques minutes en train, se distingue par

Dia : Beacon, un musée d'art contemporain situé dans une ancienne usine d'impression de boîtes de Nabisco. Promenez-vous dans les boutiques, galeries et cafés de Main Street et faites des promenades pittoresques avec vue sur le fleuve Hudson.

**9. Le charme côtier d'Asbury Park :**
Asbury Park, dans le New Jersey, est une station balnéaire populaire avec une promenade animée, une culture artistique éclectique et des bâtiments historiques. Détendez-vous sur la plage, découvrez les Asbury Lanes restaurées et plongez-vous dans la culture colorée qui distingue cette célèbre ville côtière.

**10. Vues majestueuses de Bear Mountain :**
Le parc d'État de Bear Mountain, situé juste à l'extérieur de la ville, est un paradis pour les amateurs de plein air. Faites une randonnée jusqu'à la Perkins Memorial Tower pour une vue imprenable sur le fleuve Hudson et les montagnes voisines. Ce sanctuaire naturel est idéal pour les pique-niques, la voile et l'observation des oiseaux.

Des paysages à couper le souffle aux monuments historiques, ces excursions et excursions d'une journée offrent une variété d'expériences à la hauteur de l'énergie vive de la ville de New York. Les sites voisins offrent un large choix de possibilités d'excursions d'une journée étonnantes qui élargiront votre expérience à New York, que vous souhaitiez loisirs, aventure ou découverte culturelle. Alors faites vos valises, laissez-vous emporter par l'esprit d'aventure et partez vivre des expériences incroyables aux portes de la ville.

## Les attractions à proximité incluent les Hamptons, la vallée de l'Hudson et d'autres

La ville de New York, une métropole métropolitaine fascinante, est entourée d'une mosaïque de paysages variés et de lieux attrayants qui incitent les visiteurs à dépasser les limites de la ville. Les Hamptons et la vallée de l'Hudson, entre autres attractions voisines, ne sont qu'à quelques pas et offrent une belle escapade loin de l'agitation et de l'agitation de la ville. Dans ce livre, nous plongerons dans l'attrait de ces lieux adjacents et révélerons les richesses qu'ils réservent à tous ceux qui recherchent repos et aventure.

**Les Hamptons : une retraite côtière**
Les Hamptons, situés à l'est de Long Island, incarnent la beauté et le calme de la côte. Ce groupe de charmantes villes a conquis le cœur des New-Yorkais et des vacanciers grâce à ses plages propres, son style de vie haut de gamme et son flair créatif.

Southampton possède le charme typique des Hamptons avec ses jardins bien entretenus et ses jolies entreprises. Détendez-vous sur la plage de Cooper, qui est souvent élue parmi les plus belles du pays, ou profitez des restaurants élégants et des boutiques de Main Street.

**Hampton Est :** East Hampton est un paradis pour les connaisseurs d'art, avec des galeries et des musées exposant des œuvres classiques et modernes. Découvrez le centre historique et ses célèbres moulins à vent et profitez du raffinement décontracté du village.

**Sag Harbor :** Offrant des boutiques, des restaurants au bord de l'eau et des joyaux culturels tels que le Sag Harbor Whaling Museum, Sag Harbor allie tradition nautique et touche bohème. Flânez dans de jolies ruelles entourées de demeures des XVIIIe et XIXe siècles.

**Où l'histoire rencontre la nature dans la vallée de l'Hudson**
La vallée de l'Hudson, juste au nord de la ville, offre un portrait vibrant d'histoire, de beauté naturelle et d'inspiration créative. Cette zone illustre la variété des expériences disponibles à une courte distance de la ville de New York.

**Creux endormi :** Cette ville, immortalisée dans « La Légende de Sleepy Hollow » de Washington Irving, est un mélange d'histoires effrayantes et de beauté ancienne. Explorez le cimetière de la vieille église hollandaise et Kykuit, le domaine Rockefeller.

**Hudson:** Les rues d'Hudson sont parsemées de galeries, de magasins et de cafés, ce qui en fait un centre d'art et d'antiquités. L'ancienne maison du peintre Frederic Edwin Church, le site historique d'État d'Olana, offre des vues imprenables sur le fleuve Hudson et les montagnes Catskill.

**Beacon est un refuge créatif et abrite Dia**: Beacon, un célèbre musée d'art contemporain. Profitez de randonnées pittoresques dans les Hudson Highlands, de la scène artisanale et des vues panoramiques sur la rivière.

**Montauk :** Aventure côtière au bout du monde Montauk, situé à l'extrême est de Long Island, est le paradis des surfeurs et un endroit qui allie parfaitement beauté naturelle et plaisir côtier.

**Parc d'État de Montauk Point :** Ce parc, qui abrite le célèbre phare de Montauk, offre des vues spectaculaires sur l'océan, des sentiers de randonnée et des possibilités d'observation des oiseaux et des phoques.

**Plage des Plaines du Fossé :** Paradis des surfeurs, Ditch Plains Beach accueille aussi bien les surfeurs que les baigneurs. Détendez-vous sur les plages de sable ou surfez sur l'océan Atlantique.

**Brasserie Montauk :** Cette brasserie populaire est un endroit idéal pour se détendre et déguster des bières brassées localement. C'est l'endroit idéal pour s'imprégner de l'ambiance balnéaire, avec un environnement décontracté et des sièges extérieurs.

**Bear Mountain est un terrain de jeu naturel.**
Bear Mountain State Park est une escapade idéale pour les personnes à la recherche de plaisirs en plein air sans avoir à aller trop loin.

**Sentiers de randonnées :** Enfilez vos chaussures de randonnée et explorez un réseau de sentiers qui traversent des forêts luxuriantes et mènent à de superbes points de vue tels que la Perkins Memorial Tower.

Louez une chaloupe ou un pédalo et glissez sur les eaux calmes du lac Hessian, entouré par la splendeur naturelle du parc.

**Zoo de la Montagne des Ours :** Profitez d'une visite au zoo, où vous pourrez observer et en apprendre davantage sur les animaux locaux et exotiques.

**Jardin botanique de Brooklyn :** Une retraite urbaine
Le jardin botanique de Brooklyn, situé au cœur de Brooklyn, offre une escapade tranquille loin de l'agitation de la ville, présentant une diversité de flore colorée et de jardins thématiques.

Plongez dans la sérénité du jardin japonais colline et étang, un cadre calme propice à la contemplation et à la réflexion.

**Événement Fleurs de Cerisier :** Découvrez la splendeur étonnante des cerisiers en fleurs lors de cet événement annuel, une célébration vibrante de l'entrée du printemps.

Explorez le jardin conservatoire, qui possède des fontaines exquises, des parterres de fleurs parfaitement entretenus et de superbes sculptures.

Ces sites locaux invitent à découvrir la tapisserie colorée qui entoure la ville de New York, des belles villes des Hamptons aux paysages historiques de la vallée de l'Hudson et au charme balnéaire de Montauk. Ces attractions offrent une retraite passionnante qui améliore toute l'expérience de la ville, que ce soit en quête de loisirs, d'inspiration créative ou d'expériences en plein air. Partez donc en voyage pour découvrir les richesses qui se trouvent juste à l'extérieur des rues animées de la ville, chacune représentant le caractère distinct et complexe qui distingue la région de New York au sens large.

# Comment planifier des excursions d'une journée efficaces

L'énergie vibrante et les options illimitées de la ville de New York sont incontestablement attrayantes, mais même les habitants les plus dévoués de la ville ont parfois besoin de changer de décor. Les voyages d'une journée sont le moyen idéal pour satisfaire votre envie de voyager tout en restant proche du rythme de la ville. Qu'il s'agisse d'un voyage dans les Hamptons, d'un voyage dans la vallée de l'Hudson ou d'une exploration des merveilles environnantes, une préparation intelligente est la clé pour rendre ces voyages spéciaux. Nous révélerons dans ce livre les clés pour planifier des excursions d'une journée bien organisées et passionnantes à New York.

**1. Sélectionnez soigneusement votre destination :**

Commencez par décider d'un lieu d'excursion d'une journée qui correspond à vos intérêts et aux expériences souhaitées. Que vous recherchiez des villes balnéaires, des attractions historiques, des paysages naturels ou des enclaves créatives, la région autour de New York offre un large éventail d'alternatives. Tenez compte du temps de trajet et choisissez des endroits qui vous correspondent réellement.

**2. Recherche et création d'itinéraire :**
Une bonne excursion d'une journée commence par une étude approfondie. Recueillez des informations sur les attractions, les activités, les heures d'ouverture et tout événement spécial. Élaborez un plan flexible qui permet la spontanéité tout en tirant le meilleur parti de votre temps. Regroupez les sites voisins pour gagner du temps de trajet et augmenter l'exploration.

**3. Logistique du transport :**
Choisissez votre mode de transport - automobile, train, bus ou une combinaison des deux - en fonction de la distance, de la

commodité et du coût. Lorsque vous utilisez les transports en commun, gardez à l'esprit les horaires et les correspondances. Planifiez les itinéraires, les alternatives de stationnement et les péages pouvant être rencontrés lors d'un voyage en automobile.

**4. L'importance du timing ne peut être surestimée :**
Le timing d'une excursion d'une journée peut la faire ou la gâcher. Tenez compte de problèmes tels que les transports, les foules et les heures d'ouverture des attractions. Commencez tôt pour tirer le meilleur parti de votre temps et éviter les heures de déplacement chargées.

**5. Emballez les éléments suivants :**
Préparez un sac de jour contenant des produits de première nécessité tels que de l'eau, de la nourriture, de la crème solaire, une carte ou un appareil GPS, un téléphone entièrement chargé, toutes les ordonnances requises et une trousse de premiers soins. Habillez-vous en fonction de la météo et des activités de votre emplacement.

**6. Billets et réservations :**
Vérifiez si des attractions nécessitent des réservations ou des achats de billets à l'avance. Cela inclut les musées, les visites et les événements avec des places restreintes. Les obtenir à l'avance pourrait vous aider à éviter toute déception.

**7. Acceptez la cuisine locale :**
La dégustation des goûts locaux est un élément essentiel des excursions quotidiennes. Recherchez des restaurants ou des cafés spécialisés dans la cuisine régionale. L'expérience de la cuisine locale ajoute à l'authenticité de vos vacances.

**8. Maintenez votre adaptabilité :**
Même si une préparation est nécessaire, permettez une certaine spontanéité. Découvertes et détournements inattendus sont parfois à l'origine des expériences les plus inoubliables. Soyez prêt à modifier vos plans en fonction de l'actualité.

**9. Avant tout, la sécurité :**

Faites de la sécurité une priorité absolue en alertant une personne de confiance de vos intentions d'excursion d'une journée, y compris votre emplacement, votre itinéraire et l'heure de retour prévue. Restez conscient de votre environnement, respectez le code de la route et respectez tous les conseils de sécurité fournis par les attractions.

**10. Gardez des souvenirs :**
Apportez un appareil photo ou un smartphone pour enregistrer les moments qui vous touchent. Ces souvenirs resteront précieux longtemps après le voyage, qu'il s'agisse d'une vue spectaculaire, d'une ville pittoresque ou d'un spectacle unique en bord de route.

**11. Options écologiques :**
Contribuez aux voyages durables en réduisant les déchets, en recyclant et en étant soucieux de l'environnement. Ne laissez aucune trace et soyez conscient de votre impact sur les lieux que vous visitez.

**12. Rappelez-vous et revivez :**

Prenez le temps après l'excursion d'une journée pour réfléchir à vos expériences. Gardez une trace de vos idées, images et points forts. Partager vos voyages avec vos amis et votre famille peut augmenter le plaisir du voyage et motiver les autres à partir à l'aventure.

**13. Préparez-vous pour la prochaine fois :**
Le voyage de chaque jour fournit des informations utiles pour les expéditions futures. Faites une liste de ce qui s'est bien passé et de ce qui pourrait être amélioré. Ces informations amélioreront vos capacités de planification et rendront votre prochain voyage encore plus agréable.

Les excursions d'une journée au départ de New York sont comme de magnifiques fils cousus dans le tissu de vos expériences dans la grande tapisserie du voyage. Vous pouvez maîtriser l'art de construire des excursions d'une journée idéales avec une préparation minutieuse, une soif de découverte et une volonté d'accueillir l'inattendu. Alors laissez libre cours à votre curiosité et explorez au-delà des frontières de la ville pour découvrir les contes et paysages étonnants qui vous attendent à quelques encablures.

# Chapitre 15 :

# Ressources et conseils pratiques

La ville de New York, ville dynamique et animée, offre aux habitants et aux touristes de nombreuses opportunités. La ville séduit par sa riche culture, ses quartiers actifs et ses possibilités illimitées, des sites majeurs aux trésors cachés. Il est essentiel de vous préparer avec les ressources et les connaissances pratiques nécessaires pour tirer le meilleur parti de votre temps dans ce terrain de jeu urbain. Nous vous fournirons un ensemble d'outils et d'informations cruciaux pour vous aider à explorer New York en toute confiance et confort dans ce guide complet.

**1. Transport :**

Métro et bus : Le système de métro de la ville de New York constitue l'épine dorsale des transports de la ville, avec un vaste réseau de lignes sillonnant la métropole. Achetez une MetroCard pour un accès pratique au métro et aux bus. Le site Web officiel de la MTA et d'autres applications mobiles fournissent des informations en temps réel sur les arrivées de métro et de bus.

**taxis et covoiturage :** Si les taxis jaunes sont bien connus à New York, les services de covoiturage tels qu'Uber et Lyft sont également largement accessibles. Ces applications facilitent la navigation dans la ville, notamment pendant les heures creuses.

**Cyclisme:** Avec des pistes cyclables dédiées et des systèmes de partage de vélos comme Citi Bike, New York est devenue plus conviviale pour les vélos. Louez un vélo pour explorer les quartiers et les attractions tout en voyant la ville sous un angle différent.

### 2. Navigation et cartes :

Google Maps : ce programme populaire donne une navigation précise, des directions vers les transports en commun et des temps de trajet projetés. C'est un outil nécessaire pour se déplacer en ville à pied, en transports en commun ou en automobile.

Cartes officielles de New York : disponibles en ligne et sous forme imprimée, la carte officielle de New York et le plan du métro fournissent une image complète des quartiers, des attractions et des choix de transport de la ville.

**3. Communication et langage :**
L'anglais est la langue principale parlée à New York. La majorité de la signalisation, des menus et des annonces publiques sont en anglais. Cependant, en raison de la diversité de la ville, vous rencontrerez un large éventail de langues parlées par les habitants et les touristes.

Données et Wi-Fi : le Wi-Fi est généralement accessible dans les cafés, les restaurants, les parcs et les espaces publics. Pour rester connecté pendant vos déplacements, essayez d'acquérir une carte SIM locale ou un point d'accès mobile temporaire.

**4. Préoccupations monétaires et financières :**

Le dollar américain (USD) est la monnaie utilisée à New York. Les guichets automatiques sont largement disponibles et peuvent être situés dans toute la ville pour faciliter les retraits d'espèces.

**Cartes de crédit:** La plupart des établissements, notamment les restaurants, les magasins et les attractions, acceptent les cartes de crédit. Informez votre banque de vos intentions de voyage pour éviter tout problème d'utilisation de la carte.

**5. Contacts pour la sécurité et les urgences :**

En cas d'urgence, contactez le 911 pour la police, les pompiers et l'aide médicale. Ce numéro permet d'accéder à tous les services d'urgence.

**Ligne de police non urgente :** Appelez le 311, qui vous relie aux services non urgents de la ville, pour des situations et des informations non urgentes.

**Services de santé et médicaux :** Il existe divers hôpitaux et centres médicaux à New York. Si vous avez besoin d'une assistance médicale, n'hésitez pas à la demander.

### 6. Fuseau horaire :
Fuseau horaire de l'Est (ET) : La ville de New York fonctionne à l'heure de l'Est, qui est UTC-4 du printemps à l'automne et UTC-5 de l'automne au printemps.

### 7. Climat et vêtements :
**Quatre saisons:** La ville de New York connaît les quatre saisons, y compris des étés caniculaires et des hivers glacials. Vérifiez les prévisions météorologiques avant de partir afin de pouvoir vous préparer correctement.

### 8. Sensibilité culturelle et étiquette locale :
Le pourboire est une tradition à New York. Un pourboire typique dans un restaurant

représente environ 15 à 20 % de la facture. Il est également habituel de donner un pourboire aux chauffeurs de taxi, au personnel des hôtels et à d'autres prestataires de services.

**apprécier les coutumes locales :** Parce que la ville de New York est variée et inclusive, il est important d'apprécier les différences culturelles. Acceptez les nombreuses cultures, traditions et modes de vie de la ville.

### 9. Bureaux d'information touristique :

Centres touristiques officiels de New York : Des centres touristiques officiels de New York se trouvent dans toute la ville. Ces installations comprennent des cartes, des brochures et des employés expérimentés qui peuvent donner des informations et des suggestions de voyage.

### 10. Activités et événements :

Consultez les calendriers d'événements en ligne, les journaux locaux et les plateformes de médias sociaux pour connaître les événements en cours, les festivals, les concerts et autres activités ayant lieu pendant votre séjour.

## 11. Accessibilité :

ADA Accommodations : La ville de New York se consacre à l'accessibilité. De nombreuses attractions, choix de transports en commun et installations et services d'hébergement sont disponibles pour les personnes handicapées.

Avec les bons outils et les connaissances pratiques à votre disposition, naviguer à New York peut être une expérience incroyable. Vous pouvez explorer confortablement les nombreux quartiers, les offres culturelles et les sites emblématiques de la ville en utilisant des cartes, des alternatives de transport en commun, des ressources linguistiques et des contacts de sécurité. Profitez du dynamisme de la ville, découvrez ses plaisirs culinaires et plongez-vous dans son art et sa culture, tout en disposant des informations nécessaires pour rendre vos vacances aussi fluides et agréables que possible.

# Cartes, guides de voyage et applications pratiques

La ville de New York, une ville palpitante débordante d'énergie et d'opportunités, offre une incroyable mosaïque de quartiers, de sites et d'expériences. S'armer des bons outils est essentiel pour véritablement embrasser ce fantasme urbain. Des cartes détaillées aux guides de transport en commun en passant par les applications de pointe, ces ressources peuvent vous aider à rendre votre voyage à New York simple et inoubliable. Nous explorerons le domaine des cartes de New York, des guides de transports en commun et des applications essentielles pour vous aider à naviguer dans la ville en toute confiance dans ce didacticiel.

**Cartes de la ville de New York :** Votre guide visuel

Les cartes font office de boussoles visuelles et vous guident à travers les nombreuses rues et avenues de la ville. NYC propose une gamme de cartes pour répondre à différents goûts et objectifs :

**1. Carte officielle de la ville de New York :** Cette carte détaillée représente les quartiers, les rues et les principales attractions de la ville. C'est un outil indispensable pour la planification d'aventures, et il est disponible en ligne et sous forme imprimée.

2. Le système de métro de la ville de New York constitue une bouée de sauvetage tant pour les habitants que pour les touristes. Le plan du métro, accessible dans les stations et en ligne, représente le réseau complexe de lignes de métro qui relient les quartiers et les monuments.

**3. Plans des rues :** Des plans de rues imprimés ou numériques vous aident à naviguer avec précision dans certains quartiers. Ils attirent l'attention sur les rues locales, les monuments et les zones d'intérêt.

**4. Cartes touristiques :** De nombreux centres touristiques proposent des cartes spécialisées des destinations touristiques célèbres. Ces cartes mettent souvent en évidence les attractions, les zones de vente au détail et les suggestions de restauration.

**Naviguer dans le labyrinthe urbain avec des guides de transport**
Le système de transport de la ville de New York est diversifié et comprend des métros, des bus, des taxis, des ferries et d'autres modes de transport. Comprendre ces alternatives et leurs subtilités est essentiel pour un voyage réussi :

**1. Guides de métro et de bus :** La Metropolitan Transportation Authority (MTA) fournit des guides détaillés des métros et des bus qui définissent les itinéraires, les horaires et les tarifs. Ces lignes directrices peuvent être consultées en ligne et dans les stations de métro.

**2. Conseils en matière de taxi et de covoiturage :** Savoir comment appeler un taxi, calculer les prix et utiliser des applications de covoiturage comme Uber et Lyft garantit des déplacements urbains fluides.

**3. Cartes vélo :** Les pistes cyclables et les programmes de vélos en libre-service de la ville sont de bonnes options pour se déplacer. Les pistes cyclables, les voies et les rues adaptées aux vélos sont mises en évidence sur les cartes cyclables.

**4. Ferries et transport fluvial :** Les ferries et les bateaux peuvent naviguer sur les voies navigables de la ville. Les horaires, les itinéraires et les informations sur les arrêts importants sont tous fournis par des guides.

**Applications pour l'exploration : compagnons numériques**

Les smartphones sont de merveilleux outils pour naviguer et enrichir votre expérience new-yorkaise à l'ère numérique. Plusieurs applications s'adressent à différentes parties de votre voyage :

**1. Google Maps :** Cet outil multifonctionnel offre une navigation en temps réel, des instructions sur les transports en commun et des temps de trajet projetés. C'est un ami fiable pour se déplacer en ville à pied, en transports en commun ou en véhicule.

**2. Planificateur de ville :** Citymapper fournit des instructions détaillées et faciles à utiliser sur les transports en commun, ainsi que des mises à jour en temps réel et des itinéraires alternatifs. C'est particulièrement pratique pour les débutants à New York.

**3. Transit :** Transit est uniquement dédié aux transports en commun, y compris les arrivées en temps réel, les alertes de service et les cartes hors ligne. Cela comprend les métros, les bus, les ferries et d'autres modes de transport.

**4. Uber et Lyft :** Les applications de covoiturage telles que Uber et Lyft offrent des alternatives pratiques aux taxis conventionnels en vous permettant de demander des trajets et d'estimer les tarifs via votre smartphone.

**5. Vélo Citi :** Si vous aimez rouler, l'application Citi Bike peut vous aider à trouver des stations de vélopartage, à planifier des itinéraires et à suivre l'historique de vos trajets.

**6. Yelp et TripAdvisor :** Ces sites présentent des avis et des évaluations générés par les utilisateurs sur les restaurants, les activités et l'hébergement, vous permettant de prendre des décisions plus éclairées.

**7. Temps mort et Eventbrite :** Utilisez ces applications pour rester informé des événements locaux, des concerts, des performances et des festivals. Ils offrent également des choix pour acheter des billets.

**8. ParkWhiz et SpotHero :** Si vous conduisez à New York, ces applications peuvent vous aider à identifier et à réserver des places de stationnement à l'avance, vous permettant ainsi d'économiser du temps et du stress.

**9. Transparent et OpenTable :** Seamless et OpenTable vous permettent de commander des repas à livrer ou de faire des réservations de restaurant.

**10. NYCMate :** L'application officielle du MTA qui offre des informations en temps réel sur les arrivées du métro, des mises à jour des services et un plan complet du métro est NYCMate.

**Tirer le meilleur parti de votre visite à New York :**

La combinaison de cartes, de guides de transports en commun et d'applications vous permet de découvrir en toute confiance l'animation de New York. Vous pourrez explorer facilement les attractions de la ville si vous connaissez ses quartiers, ses choix de transports et ses monuments. Laissez ces outils devenir vos précieux amis lorsque vous passez des monuments majeurs aux joyaux cachés, vous guidant à travers un terrain urbain complexe. Que vous vous promeniez dans Central Park ou que vous preniez le métro jusqu'à Times Square, ces outils rendront votre voyage à New York plein de découvertes, d'émerveillement et d'expériences étonnantes.

# Coordonnées des ambassades, des hôpitaux et d'autres organisations.

New York, métropole mondiale qui ne dort jamais, accueille chaleureusement les touristes et les visiteurs du monde entier. Avoir accès aux coordonnées clés est essentiel pour une expérience fluide parmi l'enthousiasme et la variété culturelle. Des ambassades aux hôpitaux en passant par les services d'urgence, disposer des contacts nécessaires garantit que vous êtes bien préparé à faire face à toute crise. Nous vous fournirons diverses informations de contact sur les ambassades, les hôpitaux et d'autres services vitaux à New York dans notre guide complet.

**Consulats et ambassades :**
**1. Consulat général du Royaume-Uni à New York :**

845 Troisième Avenue, New York, NY 10022.
Téléphone : +1 212-745-0200

Site web: https://www.gov.uk/world/organizations/british-consulate-general-new-york/

**2. Consulat général du Canada à New York :**

New York, NY 10020, 1251 Avenue des Amériques
Téléphone : +1 212-596-1628
Site officiel:https://www.canada.ca/fr/consulat-général-new-york.html

**3. Consulat Général de France à New York :**

934 Cinquième Avenue, New York, NY 10021.
Téléphone : +1 212-606-3600
Le site Internet de Consulfrance esthttps://newyork.consulfrance.org/.

**4. Consulat général d'Allemagne à New York :**

New York, NY 10017, 871 United Nations Plaza
Téléphone : +1 212-610-9700

Site officiel:https://www.germany.info/us-en/embassy-consulates/newyork

**5. Consulat général du Japon à New York :**

299 Park Avenue, New York, NY 10171.
Téléphone : +1 212-371-8222
URL :https://www.ny.us.emb-japan.go.jp/

**Hôpitaux et établissements médicaux :**
**1. Centre médical NewYork-Presbytérien :**

New York, NY 10065, 525 East 68th Street
Téléphone : +1 212-746-5454
Adresse du site Web:https://www.nyp.org/

**2. Centre médical Mont Sinaï :**

1468 Madison Avenue, New York, NY 10029.
Téléphone : +1 212-241-6500
Adresse du site Web:https://www.mountsinai.org/

**3. Hôpital et centre médical Bellevue :**

462 Première Avenue, New York, NY 10016.
Téléphone : +1 212-562-4141
Visitez le site Web à https://www.nychealthandhospitals.org/bellevue/.

**4. Centre médical NYU Langone :**

550 Première Avenue, New York, NY 10016.
Téléphone : +1 212-263-7300
URL : https://nyulangone.org/

**5. Hôpital de Lenox Hill :**

New York, NY 10075, 100 East 77th Street
Téléphone : +1 212-434-2000
Le site Web du Northwell College est https://www.northwell.edu/lenox-hill-hospital.

**Services d'urgence :**

**1. 911 pour la police, les pompiers et les urgences médicales :**

Ce numéro d'urgence vous relie à tous les services d'urgence nécessaires à New York.

**2. Ligne non urgente de la police (311) :**

Pour signaler des événements non urgents, obtenir des informations et utiliser les services municipaux.

**3. Unité antipoison :**

Téléphone : +1 800-222-1222
Pour obtenir des informations et une assistance en cas de crise d'empoisonnement.

**4. Gestion des urgences à New York :**

Téléphone : 311
En cas d'urgence, pour informations et mises à jour.

**5. NYC Well : intervention en cas de crise et soutien en matière de santé mentale :**

+1-888-NYC-WELL (888-692-9355)
URL :https://nycwell.cityofnewyork.us/

**Offices de tourisme :**
**1. Centres d'information officiels de la ville de New York :**

Times Square, Harlem, Midtown et d'autres emplacements sont disponibles.

Ces installations comprennent des cartes, des brochures et des employés expérimentés pour fournir des informations et des suggestions de voyage.

**2. Centre d'information touristique du Grand Central Terminal :**

Grand Central Terminal est situé au coin de la 42e rue et de Park Avenue à New York, NY 10017.

Les visiteurs peuvent obtenir des informations de voyage, des cartes et une assistance sur ce site Web.

**Transport:**
**1. MTA (Autorité métropolitaine des transports) :**

511 (dans la ville de New York)
URL : http://www.mta.info/

Le MTA propose des informations sur les métros, les bus, les trains et les services de transport de la ville de New York.

**2. TLC (Commission Taxis et Limousines) :**

Téléphone : +1 212-639-9675
Site Web : www1.nyc.gov/site/tlc/index.page
Pour en savoir plus sur les taxis et les options de covoiturage.

**Assistance linguistique :**
**1. Services LanguageLine :**

Téléphone : +1 800-752-6096
L'adresse du site Web de Languageline est[https://www.langueline.com/](https://www.langueline.com/).

Fournit des services d'interprétation et de traduction dans une variété de langues.
Naviguer dans la ville de New York est une expérience passionnante, mais disposer des bonnes connexions peut apporter une tranquillité d'esprit et un soutien en cas de besoin. Ces connexions garantissent que vous êtes bien préparé en toute circonstance, que

vous recherchiez des informations sur l'ambassade, une assistance médicale ou des services d'urgence. De la découverte culturelle aux obstacles imprévus, savoir qui contacter peut rendre votre voyage à New York sûr et agréable.

Printed in France by Amazon
Brétigny-sur-Orge, FR